五月の蛍

石川真理子

内外出版社

五月の蛍

美濃部正少佐と妻・篤子。結婚間もないころ

序

美濃部正《みのべただし》少佐との出逢いは、五月の蛍にはじまります。

その夜、私は鹿児島県の、とある山間の集落にありました。街灯と呼べるものはごくわずかしかなく、山も木立も田んぼのあぜ道も、すべて藍色の濃淡に染め抜かれていました。

見上げれば中空におぼろ月、水を湛えた田んぼが浮かび上がっています。八十八夜を過ぎて、もはや田植えを待つばかりなのでしょう。水の流れるかすかな音、どうやら近くにせせらぎがあるようです。ささやくような歌うような水音が、甘さ清らかさを伝えていました。

その清水を求めて、なんと多くの蛍たちが集っていたことでしょう。

まるで銀河が出現したかのようです。

私はなかば夢を見ているような気持ちで蛍の群れに吸い寄せられていきました。

蛍たちは互いに呼応するように光を投げかけています。時折、群れを離れてすぐ近くまでやってくる蛍もありました。けれど手を伸ばしたところで、ふわり、と、いとも簡単に逃げてしまいます。我を忘れて蛍を追ううち、不意に一匹が手中に収まりました。

傷つけないよう手の中にできるだけ空間をつくります。指と指の間から、思いがけず明るい光がこぼれ落ちました。

螢は、しばらく私の手の中で語りかけるように光っていましたが、やがてつと飛び立って、仲間のもとへと帰って行きました。

五月十三日の夜のことです。

後でわかったことですが、この日は芙蓉《ふよう》部隊の「彗星《すいせい》」という飛行機が初めてこの地へ降り立った日でした。

実に不思議な偶然です。

捕まえたあの螢は指揮官の美濃部少佐だったのかもしれない、たくさんの螢は隊員たちだったのではないか……そんな幻想を抱きました。

これが美濃部正少佐と、少佐が指揮した芙蓉部隊との出逢いだったのです。

「鹿児島」「螢」と聞けば知覧《ちらん》における特攻隊悲話を思い浮かべる人も少なくないでしょう。

昭和二十年、本土最南端の特攻基地となった知覧からは、多くの若者たちが出撃していきました。その一人、宮川三郎軍曹は、「私は螢となって帰ってきたい。螢を見たら私だと思ってください」との言葉を残していった。そして実際に、螢となって帰ってきた——。

けれど私が螢を見たのは、知覧とは鹿児島湾を挟んだ反対側、大隅《おおすみ》半島です。

曽於《そお》市大隅町岩川《いわがわ》。

かつてここには旧海軍の岩川海軍航空基地がありました。戦争末期、多くの航空基地が米軍による襲撃を受ける中で、岩川基地だけは発覚されることなく八月十五日終戦の日まで戦い続けました。基地を使用していたのは美濃部正少佐率いる芙蓉部隊です。

芙蓉部隊は、特別攻撃隊ではありません。

昭和二十年二月、硫黄島にアメリカ軍が上陸し、まもなく沖縄へも米軍の総攻撃が予想される中、連合艦隊司令部の作戦会議は「全軍特攻」一色に染まっていました。

そんな中、ただ一人、異議を唱えたのが美濃部正少佐です。

当時、主席参謀の命令に少壮士官が反対するなど考えられないことでした。「抗命罪」として死刑となりかねません。

しかし美濃部少佐は死罪を覚悟で異議を申し立て、かつ具体的な作戦について縷々と述べたのです。それが本質を突いていたためでしょう、芙蓉部隊は自他共に認める異例の夜襲部隊として認められたのです。

芙蓉部隊の任務は、次の二点に集約されていました。

ひとつには、米軍の基地航空部隊に対して未明に先制銃爆撃を加え、昼間の作戦に使用する戦闘機を破壊し発進困難な状況に陥らせる。この奇襲攻撃に続いて、特攻隊および昼間の攻撃部隊を誘導、突撃させます。

さらに敵機動部隊に対しても同じく未明に奇襲攻撃を敢行。空母の甲板に待機している飛行機に銃爆撃を加え、敵が大混乱に陥ったところで特攻隊が突撃するのです。

つまり、芙蓉部隊は夜間及び未明の奇襲攻撃によって特攻隊のために血路を切り開き、かつ誘導することによって戦果をより有効にしたのです。

美濃部少佐は戦争という非常事態・極限状態においてなお現実を的確に判断する冷静さを失うことなく、そのうえで己が信念を貫きました。誰もが一種の精神的麻痺状態に陥っていく中で他者を思いやることも忘れず、あたたかな心を持ち続けようと努めました。

その根底にあったものは何だったのでしょう。

美濃部少佐率いる芙蓉部隊の団結力は極めて強く士気盛んでした。指揮官の姿勢が投影されてのことでしょう。

岩川では周辺住民も一体となって芙蓉部隊を支えています。押しつけられたから仕方なく協力するのではなくて、自らそうしたいという思いを持って支えたのです。岩川という土地風土がもたらした人々の優しさに加えて、美濃部少佐の感化があってのことと思われます。

本書は、美濃部正少佐自身の手記を主軸に、当時の記録や戦争体験者および関係者の文献や証言などをもとに、脚色を加えながらひとつの物語にしました。

多くの人が特攻隊を知る中で、芙蓉部隊や美濃部正少佐についてはあまり知られていません。本書をきっかけに、もうひとつの「蛍」の存在を知っていただくことになれば幸いです。

※本文中、太字の部分は美濃部正少佐の手記『大正っ子の太平洋戦記』(非売品)より抜粋。美濃部正少佐自身の言葉です。
※「大東亜戦争」とは先の大戦における日本側の呼称であり「太平洋戦争」は米国側の呼称です。本書は基本的に「大東亜戦争」の呼称を用いています。ただし引用文献にある「太平洋戦争」の呼称はそのままとしました。
※★印のある引用文献は著者により読みやすい表記としたものです。
※登場する人物名は一部仮名となっています。
※大東亜戦争に関しては新たな機密文書の公示および検証に伴い、従来の認識が修正される事態が起きています。本書で採用した内容についても今後の検証によっては認識が変わることもあるということをあらかじめご了承ください。

目次

デザイン／城所潤（ジュン・キドコロ・デザイン）
カバー画／高山裕子

第一章　運命の瞬間《とき》

1 厳父と慈母

次男坊は、きかん坊で甘えん坊、人と違うことをしたがる変わり者。

昔はこんなことがよくいわれたものでした。どちらかというと長男はお利口、次男はやんちゃ、三番目はマイペース、それから下は可も無く不可も無く、いわばどんぐりの背比べ。せせらぎで服が濡れるのも構わず遊び回る少年の姿は、まちがいなく次男坊であることを物語っていました。

太田正、のちの美濃部正少佐です。

美濃部は婚家の姓、正は婿養子なのです。もっとも、それはまだ先のこと、川エビや小鮒を捕まえようと手製の仕掛けを手に夢中になっている少年には、想像も及ばないことです。

愛知県碧海《へきかい》郡高岡村吉原。古くは三河国、現在は豊田市の一部地域にあたります。太田家は中地主の家柄、この地で五ヘクタールの農地を治めていました。

父・太田喜四郎は明治十七年の生まれ。母・ことは一歳年下の十八年生まれです。明治生まれの中でも「江戸時代の親」を持つこの世代は、いわば筋金入りの明治人。男も女も気骨と覚悟が違っていました。

そんな両親のもと、大正四年に正は生を受けました。兄の守とは三つ違い、六つ下に弟の裕。

間に一人あった弟は生後一ヶ月で夭折してしまったために、裕との年齢差ができました。その下は妹の富美子、二歳おいて弟の朗、末妹に菊代。

長男の守はごく優秀、三男の裕もなかなか賢いところがありました。正は出来の良い兄と弟に挟まれて、誰に似たのか独創的な性格だったようです。のみならず何歳になっても乳離れしようとしないお母さん子。弟が生まれるまでの六年という歳月が母との長い蜜月をもたらしたためでもありましょう。

私は六年間母親っ子の甘えん坊で、冬の夕べ竈《かまど》で暖をとりながら母から躾け話を聞いた思い出がなつかしい。母は勉強、成績に関しては無言で見つめているのみ。しかし祈りの心がつたわってきた。これが明治時代の一つの母のタイプであった。

正は「無学な母の躾け」と称して教えられたことを述べていますが、それは人としてのあり方と生きる上での実践的な教えに終始したものとなっています。

まず食事について。「ご飯粒は拾え」「箸持つ手に汁椀取るな」「あちこち移り箸するな」「男は鍋底さらうな」。お膳に向かう上での最低限必要なことであり、これさえしっかり身につけていれば困らないでしょう。

食事の仕方には品性があらわれます。また、瞬時に的確な判断が出来るかどうかということも見えてしまいます。あちこち移り箸をするのは心を定めておくことができず、瞬時の判断力を欠いていることの表れです。武士の息子などは、お漬け物にかける醤油の量さえ瞬間で判断するように躾けられたものでした。食べ終わった時に漬け物皿に一滴の醤油もない状態にしないと「判断を誤った」とされます。なんと小うるさいことかと思われるかも知れませんが、ごく小さな判断を誤ったために負け戦となることは歴史が語るところです。それゆえ食事という行為からも、冷静沈着な心と瞬時の判断力を磨いたのです。

こうした武家の躾けは江戸時代終わり頃には商家や豪農にも浸透していました。中地主である太田家に、このような家風があったことは何の不思議もありません。最後の「男は鍋底さらうな」とは、いやしい真似はするなということです。どんなにお腹が空いていても武士は食わねど高楊枝です。お汁粉などの残り物をこっそり失敬したりすると、「みっともない」と叱られるのでした。

次に言動。「嘘つきするな」「貧乏ゆすりするな」「よそ様の物に手を出すな」。いずれもやはり本質を突いています。みっともないこと、恥ずかしいことをするな、と一貫しています。

そして安全。「川や山野で遊ぶ時は一人で行くな」「草むらは走り込んではならない。マムシがいるから足でさばきながら入れ」「柿の枯れ枝はもろく折れやすいもの、落ちる心配があるから手足を掛けるな」。

一日中野山を駆けまわってすっかりお腹が空いている。あっという間に日が落ちて、じわりと寒さが忍び寄る冬、かまどで煮炊きする母に甘えながら、誰と何をして遊んだか、その日の出来事をあれやこれやと話す。母はその都度、時には脅威となる自然の中でいかに身を守るのかを語り聞かせたのでしょう。

畑仕事に家事一切。電化製品など無い時代、明治の女たちの力強さは「忍」の一字に表すことができます。不平不満を口にしたところでご飯が炊けるわけでもお味噌汁ができあがるわけでもない。そんな暇があればせっせと体を動かした方がいい。このようなあり方を無学といえばそうなるのかもしれませんが、そこには学問で得る知識を遙かに凌駕する尊さがあります。母として、女性としての、真実の美しさがあるのです。「祈りの心がつたわってきた」とは母の愛に対する確信にほかなりません。母の愛情は生きる力そのもの。どんな過酷な状況にも屈しない力の源泉は母の慈悲にあるのです。安岡正篤《やすおかまさひろ》は次のように説いています。

「慈悲というものが人間の一番本質的な、一番尊い心でありまして、この慈悲によって人間は生きておるといってよいと思います。

どちらかというと女は慈悲を本体としますから慈母という言葉があるわけであります。また人間の感情の中で一番自然で、一番深刻なものは、悲しむという感情です。ものを愛し育てていく心、これが慈であります。（中略）慈悲の権化は女であり母であります」（『易と人生哲学』安岡正篤　致知出版社）。

母に甘えた六年間は、美濃部少佐の人間的な強さの根源となったにちがいありません。

いっぽう父・喜四郎は多くを語らず威厳で示す典型的な「明治の親爺」でした。しかし無言の教えで子を諭すなど、容易ならざる事といわねばなりません。まず自らを厳しく律していなければならないわけで、喜四郎の「厳格さ」は己にこそ向けられていたといっていいでしょう。江戸時代には苗字帯刀が許されたお家柄。それは、特権階級である武士と同じく、「上に立つ者の矜持」を身につけていて当然ということを物語ります。

実際、江戸時代の地主というのは実に偉いものでした。幕末の地主が跡取り息子のために記した家訓を見ると、まず身を修めるための指南が列挙されています。その内容たるや武家に勝るとも劣らないもので、「上に立つものがよほど人格を磨かなければ人々はついてこない」ということが繰り返し語り尽くされています。その上で、小作人の間で争いごとが起きたらどのように対処するか、災害が起きたときの対応はどうするか、農道や用水路などインフラ整備はいかにすべきか等々、実地に基づいた教えが続きます。

要するに地主というのは首長であり警察官であり裁判官であり、さらには相談役と、いくつもの役割を果たしていたわけです。

明治大正の世となってもこうしたあり方は変わりませんでした。喜四郎は村会議員と耕地整理組合長を生涯務めた人格者です。人としてあるまじきことをすれば摩利支天の如き恐ろしさでしたが、勉強や成績に干渉することはありません。正は「人としてかくあるべし」という点を守りさえすれば、比較的自由な少年時代を過ごしたといっていいでしょう。

もっとも、暮らしぶりはとても裕福とはいえないものでした。特に大正九（一九二〇）年頃、第一次世界大戦後の不況は深刻な影響を及ぼしました。

食べていくためには耕作田を増やさねばならない、増やせば採り入れに時間と労力がかかる。母は空が白む頃から日が暮れるまで働き通しです。通常は農閑期に入っている師走にも、母は農作業に従事していました。

正は夕闇が迫る中、泣きながら母を待ちました。影絵のように見える冬の雑木林にカラスたちが帰っていくさまは、淋しさをいっそう募らせるのでした。

2 大空への憧れ

十五歳の時、正の将来を決定づける出来事が起こります。

夏の終わりのことでした。ふと上空が震えたような気配を感じて正は立ち止まり空を仰ぎ見ました。と、その瞬間、ゴウという音とともに近づいてくる黒い塊を発見。やがて耳をつんざくような轟音を響かせながら、航空機が一機、天空を過ぎていきました。東の空から悠然と飛び来たり、西の山へと消え去っていったのは陸軍の浜松飛行場の重爆撃機のようです。

火の鳥を見たような衝撃でした。その驚きは、まるで今、初めて目を醒まされたような感じを抱かせます。

これが「憧れ」というものだろうか。

これが「夢」というものだろうか。

じっとしていられない気持ち、飛行機が飛び去った西に向かって走り出したくなる。けれど正は、そうする代わりにその場で仁王立ちになり、左手は腰に、右手は中空に高々と挙げました。なぜそんなポーズを取るのか自分でもわからないままに。

一陣の風が駆け抜けていったかと思うと、一瞬遅れて雑木林がざわめきました。時間にしてわずか五分ほど。しかし、この時から正は碧空への道を歩き出していたのです。


昭和八年、正は海軍兵学校への入学を果たしました。ちなみに四年前には兄の守が同じく海軍兵学校を一三〇人中四番という優秀な成績で卒業しています。喜四郎もことも喜び勇んで卒業式に参列しました。しかし正の入学には「元気で行っておいで」と地元で見送るのみ。二番煎じともなると若干感激も薄れるのかもしれません。ひとり正は広島県安芸郡江田島町（現・江田島市）へと旅立ちました。

そして迎えた入学式。大講堂の上座には勲章をきらめかせた佐官に大尉十数名がずらりと並んでいます。正にとって明治生まれの上官は雲の上の存在。感激したものの、同時に場違いな感じを抱きました。

なぜか自分がはぐれ者のように思われてしまう。

正が型破りな性格のためか、あるいは海軍兵学校が規範に終始しすぎたのか。おそらくその両方だったのでしょう。

かつて山本五十六は司令部のエリート幕僚に対して、質問に対する答えが皆一様だという意味のひやかしを言ったことがあるといいます。顔が一人ひとり違うように考え方もそれぞれ違っていいはずなのに、なぜ、同じ答えが出てくるのか、と。

このことは日露戦争以降、徐々にではあっても海軍兵学校の教育が官僚的なものとなり、かつ画一化されていったことを示唆しています。吉田俊雄（第五十九期生として昭和六年に海軍兵学校を卒業。大本営海軍参謀）は、そうなっていった理由を日露戦争の日本海海戦の完全勝利があまりにも輝かしかったせいだと述べました。

大戦となれば日本海海戦の時と同じような大勝利を挙げることが日本海軍の使命であり、存在理由である。その目的を満たすためのエリート教育を実施したところ、完璧な成果があがった。それが「完璧すぎた」というのです。

「日露戦争以後三十六年も平和が続き、戦争経験者もほとんどいなくなった状況で、複雑化・肥大化した官僚組織の中で毎日を過ごしていた。そのため、知らず知らず毎日のことに役立つ『能吏』を評価してしまった。

これは、海軍の重大な失敗であった」（『日本海軍の功罪』「海軍のリーダーシップとは」吉

田俊雄　プレジデント社）

それまでは実践力のある強いリーダーを育てようとしてきたのが、いつの間にか秀才を優秀な士官であると評価するようになってしまったのです。

「兵学校、術科学校、大学校とおんなじことを一方通行で詰め込まれ、思想統一されてきた。だれに聞いても、同じ答えをするのがあたりまえだ。違った答えをしろといわれても、ふつうのアタマの者には、ね」

「要するに海軍は、みんなでぬるま湯に入っていたのさ。入っていれば最高だけど、よけいなことを考えて外に出たら、とたんに風邪を引く――」（『日本海軍の功罪』「飛行機で戦艦は沈むか？」同）

このような空気が蔓延していたとすれば、正が自分をはぐれ者と感じるのも無理からぬ事だったでしょう。

ちなみに山本五十六は海軍少尉候補生として日本海海戦に参加し、生死の境をさまようほどの重傷を負っています。戦争のすさまじさを経験した身からすれば、画一化していく海軍のあり方には忸怩たる思いと危機感を抱いていたにちがいありません。ゆえに「同じ答えばかりだな」と揶揄したのでしょう。

一方で「あの日本海海戦に参加した」ということで周囲から神格化されすぎて自身も身動きが失われていくような状況ではなかったかと考えます。

画一化されれば思考は硬直化していきます。戦場とは、どんなことでも起こりうるもの。「想定外」があたりまえの世界ですから、時には意表を突く画期的な作戦が必要です。

画一化はまた、排他的に陥りがちです。実際、変わり者を異分子として忌み嫌うことが、ある時点から始まっていたようです。パズルのピースは異なるからこそ互いを補い合い一枚の大きな絵を描くことができます。それと同じで人間の集団における真の団結も、それぞれの違いを受け入れたうえで可能になるはずで、そのほうがより大きな絵を描けるのです。

入学式で「はぐれ者」と感じた正は、その後もやはり「はぐれ者」として存在していくことになるのでした。

しかし、そうはいっても海軍兵学校の教育には素晴らしいものがありました。明治政府が英国式の海軍教育を採用して以来の基本は、「士官である前に、まず紳士であれ」という点にあったということです。

日本に武士道があるように英国には騎士道があります。「上に立つ者としてかくあるべし」というリーダー教育は、日本人にとっても馴染みやすいものだったでしょう。よく知られる海軍の「五省」にも、それが表れています。

一、至誠に悖《もと》るなかりしか
一、言行に恥ずるなかりしか
一、気力に欠くるなかりしか
一、努力に憾《うら》みなかりしか
一、不精に亙《わた》るなかりしか

夜間の自習時間の終わりを告げるラッパが鳴り響くと、生徒達は素早く書物を片付け粛然と姿勢を正します。そして、東郷平八郎元帥の「勅論五か条」を奉読、次いで右の「五省」を瞑目しつつ自らに問いかけるのです。

毎晩、このように問い続けること四年間。それは彫刻の一彫一彫のように、その人間性をかたちづくっていくことになります。

正の母・ことの教えは、言葉は違えど根本は同じといえましょう。正はやんちゃであっても人としてのあり方の基本はその父母により植え付けられていました。ゆえに兵学校での日々は、ヤスリで磨きを掛けていくようなものであったでしょう。

むろん身体的訓練や技術的な修練も徹底して行われます。

正は兵学校の猛訓練に必死について行きました。

実は、あまり体力があるほうではありません。幼い頃に川で瀕死のウナギを捕まえて蒲焼きにして食べたことがきっかけで一ヶ月余り寝込み、医者も見放すほどの事態となってしまったことがありました。以来、やや虚弱体質気味なのが生涯の悩みとなったのです。ほっそりとした体型は太れなかったためでもあるのです。

海軍兵学校でいうところの「人間的な自信」とは、あくまで「体で得た自信」を意味しました。体力気力の限界を超えるような猛特訓を行い、それを乗り越えさせることによって、不撓不屈の精神を養う。体で得た自信こそが屈強な精神をかたちづくっていくとしたのです。

しかし、理解は出来てもついていくのがたいへんです。そのうえ正が入学した昭和八年以降、太田家には次々と困難が訪れたため、精神的にも追い詰められていました。

まず、兄・守が遠洋航海から帰宅するなり体調を崩して寝込みがちとなり、やむを得ず帰郷して静養。そんな矢先、父・喜四郎が末期癌であることがわかり、大学病院で手術をしたものの昭和九年に四十九歳の若さで急逝します。母・ことは四人の子ども達を抱えての野良仕事に休む間もありません。

なんとかついて行こうとしながらも無理がたたったのか正も微熱が続いて病院で治療すること二ヶ月余り。その結果、三学期は単位不足となって、留年を勧められてしまいました。気が鬱していたこともあり、正は退学を考えます。

「留年するなら退学します」ふと、「少年老いやすく学なりがたし学もしならずんば死すともかえらじ！」の詩がしっかりせよとささやいた。

元来、負けず嫌いでした。その性格が幸いしたのでしょう、退学だけは思いとどまりました。その後、正は少しずつ体力をつけ、それにつれ忍耐力も備わっていきました。

酷暑訓練の終わりの遠泳に厳寒季の遠漕《えんそう》、登山競技に野外演習。日課は満杯で休む暇はほとんどなく、従って余計なことを考える余裕もない。目の回るような日々を過ごすうちに一年また一年と時は過ぎ、いつの間にか海軍士官らしいものとなっていく。

兵学校では、重視されていた砲術、水雷術、陸戦には無関心。未だ軽く見られて居た航空、運用、航海に興味を持って居た。柔道他心身の鍛練特に士魂の習練には努力した。教育科目にはない人文科学は独習し関心があった。数学は得意であった。

これでは、試験成績総合点が秀才揃いの級友に劣る訳。分隊監事からしばしば注意されたが成績には興味が無かった。農村での先輩、友達は下士官、兵。海軍士官になれば大出世、人に笑われない士官になりたい一心であった。

四年後。正の顔からはあどけなさが消え失せ、代わりに精悍な風貌が具《そな》わりました。

昭和十二年兵学校卒業。翌十三年、第三十一期飛行学生に進み一年間徹底した飛行訓練を行いました。飛行学生の間に中尉に進級、昭和十四年三月に卒業すると、佐世保海軍航空隊に勤務、パイロットとしての経験を着実に積みながら昭和十五年十一月には大尉に進級を果たしました（※これより「正」から「太田大尉」と表記をあらためます）。

文字通り大空を飛び回る日々。訓練といえども常に危険と隣り合わせで、一つまかり間違えれば命を失いかねません。

鍬と鎌しか知らない私には、近代科学の粋を集めた飛行機の取扱いには苦労し、操縦も我ながら巧いとは言えなかった。それだけに卒業後も訓練は命掛けで努力した。

最初から器用に乗りこなせなかったところにこそ、私は能力を見いだします。人の何倍も努力を必要とするとなれば自ずと謙虚になるものです。時間がかかる分、体に染みこませるようにして学習することになる。つまり深く体得できるようになります。

さらには根気や忍耐力も培われます。思うに任せぬ事を続けるにも、何か事を成すにせよ、結局は根気と忍耐こそが力となりましょう。卒業しても「命懸けの訓練」を続けたことは大いなる宝となったはずです。実際、芙蓉部隊は忍耐と努力、根気と工夫とがなければ決して誕生することはなかったのです。

この間、太田大尉は心から尊敬できる師から指導を受けています。米軍情報に作戦運用のための着眼点など実施に伴う指導を懇切丁寧に受ける一方、時には人生観などを通じてその人間性に触れる。士官としてのあり方を恩師の姿や行動から直接学び得たのです。

ただ、この頃の連合艦隊は戦艦を主力として戦う「艦隊決戦」の考え方が主流でした。日露戦争における日本海海戦の勝利に固執していたためでしょう、航空部隊はあくまで補助戦力として捉えられていました。

パイロットを志望する者も全体からすれば多いとは言えず、士官パイロットは太田大尉ただ一人。良き上司に恵まれ、同僚が増え人間関係に幅ができていったものの、孤独な独創的研究訓練を強いられました。もともと独創的であったところに、士官パイロットという立場がよりいっそう磨きをかけることになったといえるでしょう。それが後に独自の夜襲部隊を立案することにも繋がったのかも知れません。

昭和十四年十一月に水上機母艦「千歳」の飛行士としてマリアナ諸島から西カロリン諸島、東カロリン諸島、マーシャル諸島など中部太平洋の研究調査を行った際と、昭和十六年二月に仏印（ベトナム）におけるフランス航空兵力の調査では、太田大尉の独自性がすでに表れています。特にベトナムでのフランス航空兵力を調べるために駐留フランス軍基地にたった一人で進入したそのやり方はふるっています。

「フランス軍の航空兵力を調査せよ」

これは密命でした。しかし、フランス軍の飛行場からしてどこにあるのかわからない。それどころか言葉もまったく通じません。調査資金は三万円。昭和十五年当時の公務員初任給が約七十五～百円だったことを思えばどれほどの大金かわかります。

とりあえず領事館で調べたところサイゴンの西郊外にあるツードームが最大の基地であることが判明しました。しかし警備が厳しく近づくことは極めて困難です。それでも数日張りこむうち、フランス兵は午後一時から四時頃まで午睡、その時間帯はインドシナ人が勤務していることがわかりました。

この寝入りばなを襲わない手はありません。

太田大尉は一日百円で日本語の分かるタクシー運転手を雇うと基地へと走らせました。ポケットにはじゃらじゃらと小銭が入っています。

基地到着、ゲートには案の定インドシナ人の衛兵が立っていました。

「司令官には面会を申し入れてある。すぐ戻るゆえゲートは開けたままにしてもらいたい」とうそぶいて白昼堂々正門突破。しかも、なんと大胆なことか、日本海軍の制服のままです。

衛兵が止める間もなく基地内に侵入、次々とカメラのシャッターを切る。と、ほどなく異常に気づいたのか、非常サイレンが鳴り出しました。

振りかえった太田大尉の目に機関銃付きサイドカーが映る。たいして焦る様子もなく「お雇いタクシー」を急発進、ゲートは衛兵が今にも締めようと手を掛けています。

そこへ太田大尉はひとつかみ小銭を投げつけました。あっと驚いた次の瞬間、貨幣と分かった衛兵が喜び勇んでかき集めます。そこへさらにもうひとつかみ。貨幣が空中できらりと光ったその刹那、車はゲートを突破していました。

無事任務終了。後日、フランス側からの抗議もなし。仏軍としては自分たちの不手際であるがゆえに、この「事件」を隠蔽したのでしょう。

綿密に調査をし計画を練り上げた後は、大胆不敵に乗り込んでいく。不可能をいかにすれば可能にできるか。すでにあるものをどのように生かすか。太田大尉の着眼点は常にここにありました。

3 祖国に迫る暗雲

この当時の日本を取り巻く国際情勢は混迷し、まさに暗雲が垂れ込めてくるような状況にありました。昭和十四年九月、ドイツが英仏両国に宣戦布告。翌十五年九月、日独伊三国同盟が成立します。このころすでに米軍の暗号解読班では日本軍および日本政府の主要暗号システムを解読可能となっており、世界中に張り巡らせた機関より日本の軍事外交戦略に関する諜報は逐一大統領に報告されるまでになっていました。そして、いかに米国にとって都合の良い時に

「日本から仕掛けさせるか」、その機会を虎視眈々と狙っていたのです。

日本を対米戦に導くために、英国と基地使用についての協定を結ぶほか、中国の蒋介石政権に可能な限りの援助を行う、日本の経済要求（特に石油）を拒否するよう主張する、などといった手段が着々と進められました。そればかりか米軍は戦争挑発行為として巡洋艦三隻を日本海域に派遣（昭和十五年六月）、最も挑発的な行動としては備後水道まで出撃しています（七月）。

日米関係に緊迫感が増す中、七月の御前会議では「情勢の推移に伴う帝国国策要綱」を策定。もはや状況如何では対米英戦も避けられないだろうという認識に至らざるを得ませんでした。

七月二十八日に日本軍がベトナムに進駐したことを米軍は対米英戦準備と判断。在米日本資産一切を凍結し、いわゆるＡＢＣＤ包囲網が完成しました。Ａ＝米国、Ｂ＝英国、Ｃ＝中国、Ｄ＝オランダによる経済封鎖によって、多くを輸入に頼っていた日本は、たとえ開戦せずとも「ゆっくりと餓えて崩壊せざるを得ない」状況に陥ったのです。

このあたりの事情について、米国人東洋学研究家ヘレン・ミアーズ（一九八九年没）が興味深いことを述べています。

「私たちは、公式には、満州事変と日華事変に反対の姿勢をとっていた。一九三七年九月、米政府は政府所有の船舶による中国、日本への武器・弾薬輸送を禁止した。一九三八年七月、政府は非戦闘員に対する日本軍の爆撃を非難する声明を出し、アメリカの企業に対してこのような行為を継続する国への航空機ないし爆弾の売却は慎重に行うよう求めた。（中略）以来、輸出制限と認可制度が適用されていった。戦争関連物資の輸出は政府認可の対象だったが、実際には輸出が徐々に規制されていったにもかかわらず、若干の戦略物資が日本に届いていたのだ。アメリカから日本への原料綿、屑鉄、石油などの輸出は、日華事変以降急増している。アメリカの厳しい制限処置は規制によって準備が整いしだい実施することが決められていたにもかかわらず、私たちは日本の対中政策の継続を許しただけでなく、パールハーバーとシンガポール攻略のための戦略備蓄を助けていたのだ」

「大国は日本を止めるどころか、事変後十年近く日本の中国での侵略事業に事実上手を貸していた。国際連盟加盟国とアメリカが満州国を承認しなかったのは事実だが、抗議はほんの形式にすぎなかった。日本との外交関係あるいは通商関係を断絶した国はない。どこの国も満州から自国民を引き上げなかったし、投資も貿易もそのままつづけさせていた。むしろ、事変後数年間は対満州貿易が増えている。満州事変が日華事変へと進展し、やがてパールハーバーとシンガポールで火が噴くのを助けたのは、民主主義諸国からの物質だったのだ。（中略）

一九四一年にようやくイギリス、オランダ、アメリカは対日貿易の断絶に踏み切ったが、もし一九三一年か一九三二年の時点でそうしていたら、日本は立ち往生していたはずだ」

(『抄訳版　アメリカの鏡・日本』ヘレン・ミアーズ　角川書店　※傍点は著者)

この本の原著である『Mirror for Americans : JAPAN』は日本の敗戦後三年目にあたる昭和二十三年(一九四八年)にアメリカで出版されました。同年、日本での翻訳出版の許可がいったん得られたものの、連合国総司令部(GHQ)によって不許可となったのです。マッカーサー自身が「本書はプロパガンダである」「占領国日本における同著の出版は、絶対に正当化し得ない」としたとされています。つまり、マッカーサー自身が発禁にしたのです。ミアーズ女史の研究証言がよほど不都合だったのでしょう。

ミアーズ女史の証言からは、米国が巧みに日本を戦争へと導いていったことが理解できます。しかし、さらにいえばその背後にはコミンテルン(共産主義スパイ)の暗躍があり、ルーズベルトなどはすっかり共産主義思想に染まっていました。その裏付けとなるのが「ヴェノナ文書」やフーバー大統領の回顧録です。

「ヴェノナ文書」とは大東亜戦争前後の時期に米国国内で活動していた旧ソ連のスパイ達がモスクワの諜報本部とやりとりした秘密通信を、米国陸軍情報部が傍受し解読した記録ファイルの名称で、この機密文書が公開・検証されたことによって、ルーズベルト大統領の側近をはじめ二百名以上のスパイおよびその協力者が米国政府官僚として働いていたことがわかってきました。「ヴェノナ文書」については中西輝政氏が監訳を行った『ヴェノナ』(ジョン・アール・

ヘインズ＆ハーヴェイ・クレア　ＰＨＰ研究所）をはじめ関連書籍がいくつか刊行されていま す。

コミンテルンの策謀については日本の外務省は危機感を抱き、かつ正確に分析をしていたようです。

若杉要ニューヨーク総領事は昭和十二（一九三七）年七月二十日、宇垣一成外務大臣に対して米国に於ける反日宣伝の実態と分析を報告したほか、昭和十五（一九四〇）年七月二十五日にも発足したばかりの第二次近衛内閣の松岡外相に対して「ルーズベルト政権の反日政策に反発して近衛内閣が反米政策をとることは、スターリンによるアジア共産化に加担することになる」と訴えた。しかし、残念ながら近衛内閣はこの訴えを重視しなかったようです。

言ってしまえば日米は共産主義、つまりスターリンに「してやられた」のです。けれど同時に、歴史の表舞台の裏の裏の裏で何が行われていたかはともかく、人知を超えた大きな流れ、見えざる大きな力によって、大戦へと導かれていった、ともいえるのではないでしょうか。

いずれにせよ日本は窮地に立たされたのです。昭和十六年十月、日米交渉の成立は絶望的となり、大本営は連合艦隊に作戦準備を下命しました。

4　挙式したし、準備できなくば婚約破棄したし

太田大尉に縁談が持ち込まれたのは、そんな折です。

二度目の縁談でした。一度目は母親のすすめで婚約したものの、先方から唐突に破棄されました。「飛行士だから」というのがどうやら原因です。当時、軍人の中で飛行士は決して花形とはいえない存在で敬遠されることがあったようです。

今にも日米開戦かという状況のうえ、一方的な婚約破棄という不本意な思いをしていることもあり、太田大尉は気乗りしません。しかし郷里の母を思えば、そろそろ身を固めておかねばならないという気にもなります。

結局、昭和十六年夏、別府にて訓練の余暇に見合いをすることとなりました。

相手は同じ海軍の美濃部貞功《さだかつ》大佐が令嬢、篤子《あつこ》。

きかん気の強い次男坊、血気盛んな飛行士となった太田大尉は子どもの頃から何が苦手といって畏まるのが大の苦手、きちんとしていなければと思うほど面倒になるのです。見合いの席にようやく収まったもののどうにも居心地が悪く、目の端にあでやかな着物姿をとらえながらも所在無げに座っているのでした。

と、その時。

「篤子でございます」

陶器の鈴を思わせる、美しい声でした。

はっとばかりに顔を上げ、篤子の姿を真正面から捉える。が、もはや篤子はうつむいていました。それでも、ごく一瞬、一秒にも満たない一瞬、目と目が合った、と、感じました。確かに、視線が交わされたのだ、と。

うるんだような瞳でした。白眼の部分は青みがかって透き通るようです。

恥ずかしげにうつむいている篤子の頬から口元にかけての曲線は、あまりにもあどけないのでした。緊張しているのか、きゅっと口元を結んでいます。

育ちの良さが全身から醸し出され、細い首と華奢な肩が、とてつもなく切ないものに思われました。

いったい、この娘はどうやって生きていくのだろう。守ってやらねば壊れてしまうかも知れない。


たぶん、一目惚れだったのでしょう。双方にとって、です。

篤子は帰宅した折、妹から見合い話を急かされて、「すらーっと背が高くて、素敵だったの」と頬を赤らめました。

太田大尉は身長一六四センチ、長身ではないものの、引き締まった体軀をしています。小柄な篤子からすれば確かに背が高く見えます。加えて、何かとても頼もしい感じのする雰囲気が、「すらりと大きな人」という印象を抱かせたのでしょう。

この時、篤子は二十一歳。女ばかりの家族で男性といえば父親に伯父や従弟など、知っているのは親戚くらいです。まったくの「よそのひと」として出会った男性は、太田大尉が初めてでした。

五歳年上の太田大尉はとても大人に見えました。骨張った大きな手に広やかな肩と胸、それは何かとても安心なもののように感じられ、「この人に任せておけば大丈夫」という気持ちになるのです。きっとずっと昔から、妻になると決まっていたにちがいない、と篤子は思ったのでした。

篤子は四人姉妹の長女、外に出るより家で読書をしたり絵を描いたりするのが好きなおとなしい女性です。女学校時代は典型的な文学少女でトルストイやスタインベックなど海外の文学作品も好んで読んでいました。

篤子の父、美濃部貞功は会津藩の下級武士の末裔、母は武田家の上級武士という家柄です。会津藩と武田家は深い縁があります。

会津松平家の始祖となった保科正之《ほしなまさゆき》は二代将軍徳川秀忠の庶子ですが、その正之を育てたのが武田信玄の次女・見性院《けんしょういん》でした。その縁で信州高遠城主保科正光の養子となったのですが、この高遠藩は武田の遺臣が多くを占めていたのです。正之が会津入りする際には、信頼のおける高遠藩の家臣、つまり武田の遺臣を会津武士団の中核として登用。会津武士はもとをたどれば信州武田武士ということができるのです。明治の頃は、このようにゆかりのある家同士が婚姻関係を結ぶことが多かったようです。

父・貞功は会津武士らしく質実で律儀な人柄で、声を荒立てることはなかったものの、筋が通らぬことは決して譲ろうとはしませんでした。

山本五十六は、美濃部貞功の人柄を色紙に揮毫し、真珠湾攻撃の直前、昭和十六年十一月に贈っています。

「直似貞筠　温如瑞玉」

真っ直ぐに伸びた竹のように正しく、瑞玉のようにおだやかである、という意味で、中国南北朝時代の詩人、庾信《ゆしん》の詩が元になっているようです。

食事の時は衣服から改め、寛いでいる時でもだらしない様子をすることもない。口うるさいことをいっさい言わなかった一方で、「女は女らしく」ということはよく言いました。女性としての役割を果たすことの重要さが、この一言に込められているのです。

いっぽう、武田の流れを汲む篤子の母は実に社交的で華やかな女性でした。寡黙な父の分を補って余りあるほどで、来客のもてなしも一手に引き受けるのです。ハッとするような美人で、篤子とはともすれば姉妹のようにさえ見えるほど。篤子は容貌は母に、性格は父親に似たようです。

双方気が合ったようだから、ということで、無事婚約が成立。その後、太田大尉と篤子は文を交わしながら少しずつ心を通わせていきました。

やがて戦争にはなる。太田大尉は、十分承知していながら、それはまだ先のことだろうと踏んでいました。

しかし、それは読み誤りでした。日米戦争は、思いがけず風雲急を告げることになったのです。

昭和十六年十一月、各艦が母港に帰り戦闘準備体制に入ったかと思うと、「十一月十四日、出港佐伯湾に集合」との命令が下りました。

困ったことになった、と、太田大尉は思いました。

篤子の顔がちらちらと浮かびます。結婚すべきか、それとも破棄すべきか。

ひとたび戦場へ赴けば二度と帰れぬかもしれぬ。結婚したところで今生の別れとなってはあまりにも忍びない。かといって、他の男に嫁すことを思うと、それだけで腹立たしくなる。

太田大尉は、しばし瞑目した後、運命をすべて先方に委ねてしまう決心をしました。

心が決まったとなれば即行動です。

「十一月十一日、呉にて挙式したし。準備出来なければ婚約破棄したし」

こんな電報があるでしょうか。美濃部家は鎌倉、交通が格段に発達した今でさえ呉に行くには半日は掛かります。まして結婚式の準備を整えてなど、無理も甚だしいと言うべきです。

が、通りました。運命の歯車はピタリと合ったのです。

美濃部貞功は海軍大佐、時局は十分すぎるほど理解していました。そして篤子にも一寸の迷いもなかったのです。おとなしい篤子でしたが、一度決意すると何があろうと揺らがない、不思議な強さがありました。

かくして十一月十一日、太田正大尉と美濃部篤子の結婚式が、呉の水交社にて挙げられたのです。来賓は呉近くの部隊や同期生が二十名ほど。郷里から駆けつけた母は、嬉しい中にも何が何やらといった様子。そんな母を太田大尉の同期生が何くれとなく面倒を見てくれるのでした。

出陣を控えた中での祝賀ムードという、いささか奇妙な昂奮に包まれた後、二人は初めて時を共に過ごしました。しかし、それもほんのつかの間です。

四日後、出陣命令が下されました。

一度出陣すれば強敵米海軍との死闘が待つ、未練と海軍士官としての使命感の交錯した別れであった。

その朝、太田大尉はからりと笑顔を見せたかと思うと、篤子に向かって口元を引き締めて敬礼、「あとはよろしく頼む」と短くひと言残し大股で行ってしまいました。清々しい霜月の朝日を浴びた笑顔は、もはや残像です。

戸惑うほどの、あっけない別れでした。その瞬間、篤子は激しく後悔したのです。「正さん」と呼ぶことが、どうしてもできなかった。

初めて一緒に過ごしてわずか四日、名前を呼べないのも無理からぬこと、などというのは通用しない。夫は軍人、この四日間が最初で最後の結婚生活となることだってあり得る。ぐずぐずと恥ずかしがっている場合ではなかった。

けれど、後悔先に立たず、です。篤子はせめてもという思いで、これから書く手紙には、「太田大尉」ではなく「正さん」と綴ろうと決心するのでした。

太田大尉を見送った篤子は、母と連れだって再び鎌倉へと戻りました。待っているのは、娘時代と変わらぬ生活です。

鎌倉の家から浜辺までは、ゆっくり歩いて三十分ほど、散歩にはちょうど良い距離でした。太田大尉と出会ってからというもの、ポストに手紙を投函した足で材木座海岸まで歩くのが篤子の新たな習慣となりました。

この海も空も、あの人のもとへとつながっている。

この風はいつかあの人の頬をなでた風かも知れない。

この波はかつてあの人のもとを訪れた波かも知れない。

そう思うことが慰めなのでした。あとは無事を信じて祈るしかありません。

5　真珠湾攻撃

晩秋の空は高く澄み、海の碧が深みを増していました。空と海とはいつでも心を寄り添わせ、その色を同じくしています。

ひんやりとした風が襟元をかすめる時、なぜか篤子のほっそりとやわらかな指先を思い出します。

つい先ほど別れたばかりだというのに、もう懐かしいのはどういうわけだろう。

太田大尉は篤子の面影を振り切るように駆け足で甲板を目指しました。

昭和十六年十一月十五日、佐伯湾に戦艦が集結、旗艦「赤城」の飛行甲板にて山本五十六連合艦隊司令長官より訓示を受けることになっていたのです。

甲板には各級指揮官、幕僚および航空士官の分隊長以上が編成ごとに整列。太田大尉は第一水雷戦隊、旗艦「阿武隈」分隊長および飛行長を拝命。自らも水上偵察機を駆使しながら部下を統率・指揮します。

ほどなく山本五十六長官が壇上に立ちました。「敬礼」「休め」の号令に南雲中将以下将官も各艦長も従います。ふだんは号令をかけている将官が、号令を掛けられる側になるのです。

初めて見る「雲の上の人」、山本五十六長官の姿もさることながら、なぜかそのようなことが印象に残るのでした。それは、とりもなおさず「命令の絶対性」を象徴しており、太田大尉は「上官の命令は朕が命令と心得よ」とたたきこまれたことの重々しさを認識したのです。

山本五十六は、この作戦が今後の作戦戦果を決定づける重要なものとなること、決して油断ならぬこと、さらに只今も最後の和平交渉に全力で努力している最中であり、交渉が成立した暁には全軍即刻その場から引き返すことなどを訓示。事態が容易ならざるものであることが否応なしに感じられるのでした。

時局は我々若輩の想像以上に切迫していた。かつ予想外の遠い敵中深きハワイに決戦場を与えられた。有史以来かかる大遠征があったであろうか？　日露戦争のロシア、バルチック艦隊極東遠征以上の危地である。成否はともかく此の祖国の命運を決する大作戦の一員となったことは、海軍将校としてこれに勝る冥利はない。……さりながら我々の死に場所は決まったが結婚したばかりの篤子、郷里の母、妹達は如何様になるのか？

真珠湾攻撃と称されるこの作戦は極秘とされ、艦内でも司令官幕僚、艦長と、太田大尉のような分隊長・飛行長のほかは知らされないままでした。そのため佐伯湾からの手紙も禁止され、家族へ別れの報せを出すこともできません。

これほどまでに秘密裏に作戦を進行していたというのに、その情報は暗号解読によってすべて米国側に知られていたとは何とも皮肉なことです。しかし、もちろん誰一人それを知る者はいません。

山本五十六長官率いる大艦隊が遥かハワイを目指して整然と出航していきました。

この頃内心では日米和平交渉成立戦争回避を密かに願う気持もあった。未だ生に対する未練があった。これほど迄の危険を冒して対米戦を仕掛ける大義名分、及び祖国の危機感がぴんと感じられていなかった。

太田大尉が一抹の不安と戦争へと向かっていくことに対する意義を見いだせずにいる頃、日本側では和平交渉を続けていました。しかし米国側は思いも寄らない動きをしていたのです。

十一月二十五日、ホワイトハウスにてルーズベルト大統領の招集によってハル国務長官、スティムソン陸軍長官、ノックス海軍長官、マーシャル参謀総長、スターク海軍作戦部長の五人による会議が行われ、「米国には過大な危険を招かぬように配慮しながら日本のほうから攻撃せざるをえないように仕向ける」ことで合意。これにより、それまでの日米交渉によって積み上げてきた日米間の合意のすべてを否定する、いわゆる「ハル・ノート」を日本に突きつけてきたのです。

もはや絶望的であると判断した日本政府はワシントンの日本大使館に最後通牒を送り、ワシントン時間の十二月七日午後一時にハル国務長官に手渡すようにと指示しました。
その最後の部分は概ね次のような内容です。

「合衆国政府の意図は、英帝国その他と迎合策動して東西に於ける帝国の新秩序建設による平和確定の努力を妨げようとするばかりか、日中両国を戦わせて、それにより英米の利益を擁護しようとしていることが、このたびの交渉を通じて明らかとなった。かくして日米国交を調整し合衆国政府と相携えて太平洋の平和を維持確立せんとする帝国政府の希望はついに失われた。帝国政府は合衆国政府の態度に鑑み、今後、交渉を継続しても妥結に達することはないと認めるほかないということを、合衆国政府に通告するのを遺憾とするものである」(『日本海軍の功罪』「ワシントン日本大使館・一九四一年十二月七日」掲載の原文を要約)

ハル国務長官はこの最後通牒に対して、「これほど恥知らずな虚偽と歪曲に満ちた文書を見たことがない」「こんな大がかりな嘘と、こじつけを言い出す国がこの世にあろうとは、今の今まで夢想だにしなかった」とまでの罵詈を浴びせたとのこと。しかしその実、暗号諜報によってこの内容をすでに知っていたのです。
かくして十二月八日、第一次攻撃隊がハワイ島に第一弾を投下。攻撃目標は真珠湾に投錨中の艦船、四ヶ所の海軍基地、飛行場施設ならびに飛行機。米国は日本の「奇襲攻撃」により甚大な被害を蒙りました。それは日本にとっては華々しい戦果であり、米国にとってはいうなれば生け贄です。後にスティムソン陸軍長官は次のように記したとされています。

「私は日本が真珠湾を奇襲したという、最初のニュースが届いた時に、何よりも、まずほっとした。

真珠湾における損害の報告が、刻々と入ってきて、急速に大きくなっていったにもかかわらず、私はそのあいだ中、深い満足感にひたった」（『大東亜戦争で日本はいかに世界を変えたか』加瀬秀明　ベストセラーズ）

太田大尉は「ハワイ攻撃の成果の写真を届けよ」との命を受け、攻撃隊の撮影した航空写真を受け取って十二月二十一日に海軍省報道部に届けました。それがハワイ作戦成果として新聞雑誌などの報道に使用されたものです。

帰国してみれば日本中が沸き返るよう。誰もが勝利に酔い、活気づいています。太田大尉は鎌倉の美濃部家で歓待を受けました。婿養子にという希望を聞かされたのはこの時です。

思いがけないことではありました。

美濃部家は篤子を筆頭にした四人姉妹。なるほど今さらながら男は美濃部貞功大佐のみと気づきます。

自分が婿養子になれば、戦死した際の篤子の立場も守られるかもしれない。

篤子のためにも、と、婿養子を承諾。戸籍上も美濃部となるのはもう少し先ですが、この時から、太田正大尉あらため美濃部正大尉となったのです。

真珠湾攻撃を皮切りに日本は次々と勝利を収めていきました。

真珠湾攻撃と同日の十二月八日には、当時イギリスの植民地であったマレー半島にも攻撃を仕掛け上陸成功。東南アジア攻略に着手します。それによってインド方面へと通じる輸入ルート「シーレーン」を確保し、ＡＢＣＤ包囲網を突破しようとした。つまり、シーレーンを取り込むことによって資源を確保すると同時に、東南アジアの国々を欧米諸国の植民地から解放・独立させて日本との同盟関係を構築、ともに欧米の植民地政策から国を守ろうとしたのです。これが東南アジア攻略の目的でした。

しかし美濃部大尉はあまりに上手くいきすぎる快進撃に奇妙な違和感を抱いたのです。

敵は戦意が無いのか？　このまま苦労もせず大東亜の盟主となっては、国民は浮かれ軍人はのさばる。

日本は戦線を拡大し、昭和十七年二月にはジャワ沖海戦に勝利、同月、シンガポールを占領。欧米諸国の東南アジア植民地支配からの解放に成功したのです。

我々の爆撃に対し僅かに反撃したのみで沈黙。中国の沿岸部と大差なし、平時の植民地警備の侭である。どうもこの方面の進攻は空き巣狙い同様の感じがする。敵は戦闘準備不十分では無いか？

大本営が後、軍艦マーチ付きで南東方面攻略を報道戦勝に浮かれているのが気になった。備え無き敵に勝って、本当の勝ちか？　戦はこれからである。

備え無き敵、とは、当たらずとも遠からずです。当然ながら、まったく備えがなかったわけではありませんが、敵は日本軍のやり方を冷徹に分析し、質量ともに着実に対策を積み上げていたのです。

6　楽園にて、太田大尉戦死？

昭和十七年一月、美濃部大尉はラバウル島、カビエン島、アドミラルティー島と息つく間もなく転戦していました。

進撃の合間に思い出すのは調査のためにこれらの島々を訪れた約三年前のことです。

珊瑚礁に囲まれたビーチの砂は驚くばかりの白さ、海の色は明るく澄みわたり、遥かな海底がすぐそこにあるかのように見えていました。人を怖がることを知らない魚たちは親しげに近づいて、挨拶がすむと身を翻して泳ぎ去っていく。極彩色の鳥たちに、鮮やかな色を競い合う熱帯の花々。焼けつくような色に染まる夕暮れ、椰子の木は黒いシルエットになり強烈なコントラストを描き出します。

素朴で人なつこい島民たちは、飛行機で降り立った美濃部大尉を天から神さまが降りてきたのだと信じ込んだものでした。

「私は神ではない、人間だから仲良くしてほしい」と首長に紅いキャラコをプレゼントすると、お返しに伊勢エビを三十匹も持って来てくれました。珊瑚礁の岩場は魚たちの天国、人間にとってみれば魚介類の宝庫なのです。

進攻しているのは、そんな思い出のある太平洋の島々でした。美濃部大尉は攻撃が上手くいきすぎていることに対する違和感に加え、この楽園に爆弾の雨を降らせることへの意義がいまひとつ見いだせずにいるのです。

今なお大本営が何をしようとしているのか、考え続けていました。

この戦において自分の成すべき事は何か。一命を捧げて戦う以上は、それだけの事を成し遂げたい。

それには大本営が果たそうとしている目的を知りたいのですが、訓示を受けてもどこか雲を掴むようなところがあるのです。

それは一体何なのか？

それにしても、ここまで戦線を拡大するのは無謀ではないか？

照りつける太陽のもと対潜対空の厳重な警戒航行が続いていました。艦内は摂氏四十度以上にもなります。とても眠れる状況に無く、寝不足と疲労は蓄積するいっぽうでした。

緊張と暑さの連続、疲労のせいか眠れない、妻や母たちのことを思うことしきり。戦場にあって軍人、死を覚悟するのは当然ながら二十六歳の未熟者未練というべきか。中々に明鏡止水の心境になれぬ。

戦地での楽しみは何といっても故郷からの手紙です。篤子からの届く便りを、美濃部大尉は何度も何度も読み返すのです。

二月八日、パラオに入港すると、待ちに待った手紙を手にすることが出来ました。篤子からの便りは近況に加え、切々と無事を祈る内容です。さすがは文学少女だっただけのことはある、と、いつも読む度に思わされます。「隣のおばさんからリンゴのお裾分けをいただいた」という、ただそれだけのことでさえ、篤子の言葉になるとどこか文学的なのです。

あまり手紙を書かない母からも届いていました。お守りと千人針も同封されています。

母の手紙には、篤子がわざわざ鎌倉からやってきて、いろいろと気を遣ってくれたとあります。

いったい何のことだろう？　内容が今ひとつ理解できない。

不思議に思っていたところ、後で事情がわかりました。

「一月十一日、太田大尉南方において戦死」との公報が役場から届けられていたのです。この時はまだ入籍手続きを済ませておらず太田姓のままでした。それがため一年先輩の太田某とまちがえられ、母のもとに誤報がもたらされたのです。

息子が戦死したと信じた母は、尼僧を呼んで三日三晩仏間に閉じこもり座ったままで過ごしました。息子がひとたび戦争に行けば、いつ死すともわからない。そう覚悟していても、何としても無事でいて欲しいと願うのは当然です。息子の命を奪われることは、母親にとって体の一部をもぎ取られる以上の苦痛です。泣くに泣けない時世にあって、母は座り続けることしかできなかったのでしょう。誤報であったとわかった時の安堵はとても言葉に出来ないものでした。

昭和十七年四月、任務を終えて帰国した美濃部大尉は休暇をもらうと、篤子を伴って愛知の母を訪ねました。

呉での結婚式以来の再会です。わずか半年ばかりの間に、母は一回り小さくなったように見えました。長男と次男、息子二人を戦地に送り出しながら、いったいどこでどんな戦いを繰り広げているのか、知るよしも無いのです。

さぞ心細かろう。美濃部大尉は孝行叶わぬ身を申し訳なく思うのでした。

相変わらず新聞やラジオは戦勝情報のみを報じており、国民は沸き立っています。

母と連れだって氏神様をお詣りし、墓参をしました。先祖代々の墓には昭和八年に逝去した父も眠っています。

父の面影を胸に手を合わせました。


「私にして軍人らしからぬ心と行いあらば何時なりとも死をたまへ、尚少しでも祖国に役立つものあらばお守りください」と祈ることが私の良心であった。


その後、美濃部大尉はアリューシャン列島という新たな戦場へと出撃するのです。南方作戦（第一段作戦）に続く第二段作戦で、計画は大きく三つの柱からなっていました。南太平洋のソロモンおよびニューギニア攻略、北太平洋のアリューシャン進攻とアッツおよびキスカ攻略、そして、ミッドウェー攻略。

この作戦研究会は四月末に岩国基地で開かれており、美濃部大尉は第一水雷戦隊の航空幕僚事務取扱者として参加しました。奇しくも岩国基地の司令は篤子の父、美濃部貞功大佐でした。


南北八〇〇〇キロに及ぶ広大な太平洋の同時進攻作戦。闘志に引けをとらぬ私であったが、

奮い立つ前に疑問と不安が先立った。米海軍を侮ってよいのか？　ハワイ攻撃後六ヶ月、米空母が黙っていようか？

敵は新兵器電探らしきものを持ち、私よりも早く発見戦闘機を向けてきた。空母触接の経験者として「艦上高速偵察機十機を補い側方警戒」を進言したが、無視された。これが南雲艦隊との最後となった。

美濃部大尉は米軍が新兵器電探、つまり、新開発のレーダーを使用し始めていたことを、これまでの戦場経験から確信していたのです。それを裏付ける記事が英国戴冠式に参列した随員武官の報告書にもありました。

「お召艦艦橋上櫓に始めて見る変わった形のアンテナのようなものがあった。見張り用のレーダーアンテナではないか」

イギリスとの同盟国である米海軍もこれを使用し始めた可能性は高く、対策の必要がありました。が、司令部は旧来の見張りと警戒対策のまま三方面同時進攻作戦の続行を決定したのです。

「蟻の一穴天下の破れ」といいます。何かが崩壊する時、その元の元まで辿ってみれば、ごく些細なことが原因となっていることが少なからずあるものです。合戦の歴史を紐解いてみても、「これくらい」と思われるような小さな油断が大敗を招いています。

あまりにも広大な海域への侵攻作戦もさることながら、こうした「ほころび」が美濃部大尉に不安と疑問を抱かせたのでしょう。それは不吉な予感となり、正しく現実のものとなっていくのでした。

7 大誤算、ミッドウェー海戦

六月五日、北太平洋を北進しながら、美濃部大尉は「さいはての島を占領して何の価値があるのだろう?」「米本土進攻の足がかりとするのか?」「戦はどこまでやるのか?」「占領した後の補給は大変ではないか?」と逡巡していました。級友の中にも「大本営は一体何をやろうとしているのか」という疑問を抱く者があり、やはり広範囲に及ぶ作戦展開に対する大義名分を見いだせないまま行動していたようです。

そして、六日。

通信参謀岩佐少佐（兄と海兵同期六十期）に起こされた。「えらいことになった、これをど

争時、戦艦初瀬、八島の沈没以上の国難来る。

なった、第一機動部隊の側方偵察の軽視、米空母にやられたにちがいない。戦史に見る日露戦

シャン攻略を延期する」……私は全身震えが止まらない。連合艦隊岩国会議での不安が現実と

う思うか」と極秘電報「赤城、加賀、蒼竜大破。飛竜損傷。ミッドウェー攻略中止。アリュー

予感していたとはいえ、いざ現実になってみると「まさか」という驚愕に陥るものです。美濃部大尉は自分の体が言うことを聞かず、勝手にわななくのを止めることが出来ませんでした。思い浮かぶのはこれまでの作戦で共に戦った艦上機の搭乗員たちです。大半が散華してしまったのだろうか？　どうか無事でいてくれ。状況は想像するほかありません。

真珠湾攻撃の際、圧倒的な勝利を収めたといえども米空母を取り逃がしたままでした。それをミッドウェーで一網打尽にしたい、というのが作戦の狙いでした。

ゆえに空母六隻、大和など戦艦十一隻を含む合計約三〇〇隻に加え、航空機が約一〇〇〇機、兵力約十万という、およそ日本海軍始まって以来の大作戦を展開したのです。国家の命運がこの一戦にかけられていたことを思えば、戦力に大損害を受けたことはもちろん精神的な打撃においても計り知れないものがあります。

もっとも、この情報は極秘であり、ごく一部の士官のみ知るところでした。この時点では国民はもとより日本兵の大半が知らずにいたままだったのです。

重苦しさを抱えたまま、六月八日未明、美濃部大尉は上陸地点の偵察のため、アリューシャン列島の西端に位置する米国領アッツ島へ飛びました。

山肌はなお残雪で白く染まっています。米軍施設があると言われたチチャコブ湾の岸辺には、二十戸ほどの集落と教会とおぼしき三角屋根の建物が一棟あるばかり。偵察機の高度を下げて低空旋回すると、轟音に気づいた島民が数人家から出てきて、手をかざしながらこちらを見上げてきました。

島を一巡したところ、淡路島ほどの大きさの島が西北に点在し、いくつかの入り江には無人の漁小屋がたたずんでいます。

無防備な島でした。

地上放火の必要なし、と、美濃部大尉は判断し帰艦。その間、陸軍部隊が上陸し、雪山を越えてチチャコブに突入しようとしていたため、「陸軍が誤って島民集落に発砲しないよう、内火艇（※注　水陸両用戦車）で先行上陸し、軍艦旗にて表示してはどうか」と具申しました。

わずか数人の武装兵を伴いアッツ島チチャコブに一番乗り。宣教師の家を訪ねると老夫婦が出てきて、どうやら助けを請うているようです。

美濃部大尉は笑顔で「心配ない」と伝えました。が、「これだけは」と日本軍の情報を打電させないため連絡用無線機を封印して使用禁止を厳命。夫婦はホッとした顔で「使わない」と身振り手振りで応じました。

やがて陸軍の一番乗りが息を弾ませながら駆けつけてきました。美濃部大尉は状況を説明してその場を去り艦へ戻りました。

これが後日、大大的に報道された「アッツ島奇襲占領」の実態であり、ミッドウェー敗戦を秘匿しての誇大宣伝である。

戦闘はなかったのです。極めて静かなチチャコブに、何の苦も無く上陸した。

ミッドウェーの敗退、なぜこの重大な事実を秘匿し続けていたのか。美濃部大尉は憤りを抑えることができません。

ミッドウェー海戦に関しては、厳重な秘密統制が取られた為、戦後でも闇に葬むられている（但し知らぬは日本側のみ、米側の情報戦は優れ、筒抜けであった）。

一段作戦の勝利に沸き立つ皇軍の士気に悪影響する事を恐れたのか？

聖戦完遂、勝利を信じ、窮乏に耐え君国の為に協力する国民に不安を与えない為か？（日露戦争の時、日本が頼みとした主力戦艦、初瀬、八島が機雷に触れ沈没したときは、全国民これ

を知り、女子供迄心を併せ国家に協力している事実を何と見たか）。本海戦大敗北以後大本営は、国民に対し不利な戦況は一切隠し、戦果の誇大発表に終始し国民の真の協力を失った。賢明な国民の判断を誤らせ、正しい世論、戦争目的の変更修正の機会を封じた罪を明らかにし、後世の教訓とすべきである。

美濃部大尉はミッドウェー海戦の敗因を大きく二点挙げています。

まず情報について。すでに岩国基地でレーダーのことを具申しています。現在でも日本側の敵情把握のための技術の低さを敗因と指摘する専門家は少なくないようです。日本軍が米軍の状況について予測に頼っていたのに対して米軍は暗号解読によって的確に把握していました。日本側が旧来の索敵技術に頼っていたのに対して米側は最新式のレーダーを導入し、いち早く位置情報の確認をしていました。情報収集についての認識の甘さが根底にあったのではないでしょうか。

もう一点は司令部の作戦が机上論に終始していたことです。

ミッドウェー海戦で大敗を喫していながら、問題点を冷静に分析し反省・改善していかねばならないところを終戦に至るまでこの在り方を変えることが無かった。ここに大きな問題があるというのが美濃部大尉の考えです。

上級司令部は机上の図上演習的巧妙な作戦運用命令の乱発が終戦迄続いている。ミッドウェー作戦時、イ号潜水艦四隻がミッドウェー東北海域に敵空母の哨戒を命ぜられているが、配備についた時には既に通過した後であった。事前配備は作戦秘匿の為控え、直前配備としたと言うであろう。大洋上で、敵を発見する事の難しさを理解していない輩が多かった。

8　軍神の死

ミッドウェー海戦の敗北から、戦況は日本にとって圧倒的に不利になっていきました。美濃部大尉が「敵は戦意が無いのか？」と不信感を抱いていた約半年間、米国は戦力増強のために、空母、戦艦、航空機、レーダー、爆薬などを研究・増産し、質量いずれも日本に大きく差をつけていました。ゆえに日本が手中に収めた島々は、のきなみ米軍に奪取されていくのです。

その色合いは昭和十八年四月十八日を境に、より決定的になっていきました。この日、連合艦隊司令長官山本五十六がブーゲンビル島ブイン方面にて戦死したのです。

米国は暗号解読により山本五十六の動向も的確に把握していました。この神格化された大将の首を取ることが王手となることを十分すぎるほど理解していたのです。山本五十六が搭乗した一式陸上攻撃機を米軍の戦闘機が攻撃。享年五十九歳、軍神の死は唐突でした。

山本五十六は対英米戦には懐疑的でした。真珠湾攻撃から遡ること十六年前、当時四十一歳だった山本五十六は駐在武官としてアメリカに滞在していました。そして、その経済力、技術力、生産性が日本とは比べるべくもないレベルに達しているのを肌身で知ったのです。もしも米国と決戦ということになれば抜き差しならぬことになる。とうてい勝てる戦ではないと予感したのです。にもかかわらず決戦を決意せざるを得なかった。

山本五十六が「ぜひ私にやれと言われれば、一年や一年半は存分に暴れてご覧にいれます。しかし、その先のことは全く保証できません」と近衛文麿首相（昭和十六年当時）に答えたことはよく知られていますが、この言葉からは、「辛くももって一年か一年半、それまでの間に時局を見極め和平交渉を」ということがうかがえるように思われます。

「武」は「戈《ほこ》」を「止《おさ》める」と書きます。刀は滅多に抜いてはならない、しかし抜いたからにはどこで鞘に「止める」か、これはともすれば抜く以上の勇気と決断力を有します。

山本五十六を失ったということは、「戦をやめる決断を下せる存在」を失ったことにもなるのかもしれません。

山本大将戦死後の海軍は、戦略も戦術も全て米軍に主導権を握られ、日本側はその対応に翻弄されていた。米進攻軍に対しては、勇ましい「粉砕撃滅を期す」の攻撃命令。司令部幕僚は、美辞麗句の作文でことたれりとし策無し。

前線将兵は、軍命は天皇の命令。批判することも許されず、反撃突入散華又は玉砕していっ

た。転進、玉砕あい続きながら尚国民は、真相を知らされず、言論は抑えられ、勝利を信じ国策に協力していた。

当時、海軍航空部隊参謀だった奥宮正武もほぼ同じことを指摘しています。

「不敗の軍隊という神話を信じる人々は、過誤を率直に認めたがらない。その結果、自軍に不利な事態を言葉の綾でごまかそうとしがちである。太平洋戦争中も、わが方に不利になりはじめた頃から、そのような傾向が強くなっていた。退却を転進、被撃墜を自爆といったことなどがその好適例であった」（『海軍特別攻撃隊』奥宮正武　朝日ソノラマ）

「戦争の初期には、各種の実行可能な準備を整えたのちに、それらを一括して〝全力をあげて〟と結んでいた。ところが、戦争の中期以降になると、言葉が先に立つようになっていた。したがって、戦争の末期には、同じく〝全力をあげて〟といっても、それを裏付ける具体策は著しく貧弱となっていた。必要なのは、言葉ではなくて、任務達成に必要な手段であった。効果的な対策をたてることができなくなった時に、わが国の悲劇はすでに決定的なものとなっていた」（同）※傍点著者

「玉砕」という言葉が使われ始めたのは、この年、昭和十八年からです。二月一日にガダルカ

ナル島の撤退が開始しました。しかし、大本営は「撤退」という言葉を使いませんでした。同月九日、大本営発表による「ガダルカナル島転進」の報道がされました。それが五月末には「転進」が「玉砕」に変わったのです。

マスコミが報じていたのは、日本軍がいかに勇猛果敢であるかということ、そして、それがためどれほど華々しい戦果を挙げているかということでした。マスコミもまた、戦況が悪化するほどに、不利な事態を言葉の綾で取り繕うことに終始していたのです。

9 女性たちのたたかい

戦は兵だけのものではありません。

女性たちには女性たちの戦がありました。

この当時、すでに男性の労働力は戦力として消耗していたため、学徒動員や未婚女性の勤労奉仕が始まっていました。

工場という工場が軍需工場として稼働し、働いているのは女性ばかり。男性の職場とされていた職種にも次々と女性が採用されていったのです。小学校でも女性教員が増員され、昭和十九年には男性教員を初めて上回り、十五万八一二九人を数えるまでになりました。

東部軍幹部が防空情報隊に初の女子通信隊三〇〇名を配属したのは昭和十八年六月のことで

す。高等女学校卒業程度の学歴を持つ二十五歳以下・独身の女子通信隊はエリートで、憧れの職業でした。

戦時下、女性たちは銃後の守りとして家庭ばかりか社会全体を支えていたのです。

当時の状況を梨本宮伊都子が日記に記しています。伊都子は兵庫と鳥取を視察し、婦人労働の現況を見聞したのでした。

この戦時下、至る所で男子に代わって女性の働きぶりはいかにもめざましく、何事もなしとげられぬ事はないものだとうれしく思う。ことに各地を巡ってみるとどこの地でも町村に居並んで迎えてくれる婦人たちのほとんどが、簡素な洋服まがいのものかモンペ姿が多く、派手な服装は見当たらない。これでこそ銃後を守る日本女性と嬉しく、また、たのもしいかぎり。

けれど都に帰ってみると、まだまだ品質はともかく色の目立つ派手な衣服をまとい、髪は英米式にパーマをかけ、洋装にしても不相応に洒落たものを着て往来するさまが目について見苦しい限り。いま少し心してもらいたいもの。いまだ遊閑夫人が多いことを遺憾に感じる。(『梨本宮伊都子妃の日記』 小田部雄次 小学館★)

農村部と都市部では意識に多少の違いがあるのでしょう。都市部は百貨店や飲食店などの商業施設が多いほか、劇場など娯楽施設が集中していたからかもしれません。

伊都子のいう「遊閑夫人」も全体からすればごく一部であって、都市部でも多くの女性が生活をぎりぎりまで切り詰めながら懸命に働いていました。

社会における女性の活躍を支えていたものに大日本婦人会があります。愛国婦人会（明治三十四年）と大日本連合婦人会（昭和五年）および国防婦人会（昭和七年）の三つを昭和十七年に統合してできた組織です。※（　）内は設立年

最も古い愛国婦人会は奥村《おくむら》五百《いお》子《こ》が北清事変（義和団事変）を視察した経験をふまえて設立されました。五百子は小笠原長生《ながなり》子爵、近衛篤麿公爵はじめ、東伏見宮殿下、閑院宮殿下等々そうそうたる人々に直接趣意を進言しています。奥村五百子といえば幕末尊王攘夷運動に参加し男装のうえ密使として長州に赴いたこともある女傑、その気骨は晩年に至っても失われてはいなかったのです。

愛国婦人会の目的は、第一に戦死者の遺族の救済と負傷者の救護でした。さらには災害時の救援活動に加え、児童保育相談所や妊産婦健康相談所などを通じての母子支援といった社会事業に至ります。

いっぽう昭和に入ってからできた二つの婦人会は純粋に軍事援助団体で、戦時色が濃くなるにつれて力を持つに至りました。やがて三者は活動の縄張り争いや会員争奪で対立するようになったため、議会が動いて統合したのです。

この巨大な婦人団体に、ほぼすべての女性が会員として所属していました。戦中の写真や、

あるいはドラマや映画などで、たすき掛けをしたたくさんの女性が出征兵士を送り出すシーンを見たことがあると思います。華々しく見送ることも大切な役割でした。

夫や兄弟、あるいは息子を、気丈に送り出さねばならなかった女性たちの心中はいかばかりであったでしょうか。

わずかなりとも当時の女性たちの心境を知るために、いくつか文献を紹介することといたします。

戦争は日ごとに激しくなり、弟が招集されたのは、十八年十月だった。(中略)

その朝、グリグリ坊主にして、赤いたすきをかけた弟は、私の前に、黙って深くお辞儀をした。何にもいわなくても、その声は私にハッキリきこえていた。初恋のまま結ばれて片時も離れたことのない、おしどり夫婦である。愛妻は、大きな目からこぼれる涙をふきもせず、じっと夫によりそっていた。下町娘らしい勝気さで、歯をくいしばって声も立てないこの妹が、私はいとしくて、弟が帰るまで、どんなことをしても守ってやりたいと思った。

あの日の母の姿も忘れない。豪徳寺の集合所まで弟を送って帰ると、いきなりもろ肌をぬいで、庭の隅に造った小さな家庭菜園の真ん中に裸足で立ち、黙って鍬《くわ》をふり上げた。打ちおろすたびに、ごぼうのような細い大根がポロポロとちぎれてあたりに飛び散った。いつまでたっても、母はその姿勢を変えなかった。どうしようもない相手に対する怒りが母をかりたてているようだった。父はただ、おろおろと家の中を歩きまわっていた。

その夜、母は白髪を根元からぷっつり切った。一週間ほどして、加東は南方へ行ったらしいことがわかったが、その後間もなく、たよりがとだえた。妹の首すじは日増しに細くなっていった。それでもこの人は泣き声を立てなかった。

「こんな思いをさせられているのは私ひとりじゃないんだから……でも、どんなことをしても生きて帰ってもらいたいわ……片脚、片目がなくなっても……」

（『貝のうた』沢村貞子　新潮社）


昭和のテレビドラマには欠かせない脇役女優だった沢村貞子さんの回想です。「弟」は俳優の加東大介のことで、無事生還し、その後も映画や舞台で活躍しました。

以下は往復書簡の一部です。神奈川県二宮、知足寺の住職・相馬正雄と妻で女医として働く翠のやりとりです。「お父ちゃん」とあるのは夫・正雄のことです。


（正雄へ）

お父ちゃん、今日はとてもいいお天気。でも夜はうっとうしいです。往診に歩いている時暑いと思っても貴方の事を考えてもっともっと暑い中でお働きになっていらっしゃると思うと、暑いとか辛いとか言う気持はすぐに解消されます。

今日は病院の渥美さんから写真送っていただきました。早速お目にかけます。子供達とおばあちゃん、中村さん、それに善波さんの子供二人、私は技師でついに一枚も入っていません。まあ私のはこの字だけで辛抱しといて下さい。相変わらずの顔で髪でそして健康で朗らかです。おおいに頑張って働いております。御想像下さいませ。この写真で亜子が目立って大きくなった事を御覧下さい。可愛くもなったし、おいたもする様になりました。

昨日は宜正に手紙出させました。絵を二枚入れて。きっとこれより先に御覧になったでしょう。

翠（十九年八月五日）

（翠へ）

昨夜七月二十一日付、二十三日付、八月五日付の封書や新聞（八月六日まで）入手した。前住所だったので遅れたのだろう。写真も宜正の便りも見た。宜正が箱根へ行ったとの事で思い出したが、かなり前に送ってきた写真の中、宜正の小さな時のがどこで撮ったのかわからないとあったが、あれは宜正と箱根へ行った時、芦ノ湖の船上かサンバシで撮ったものだ。四、五年前ではないだろうか。患者が非常に多いとの事、真面目に親切にそうして安くやっているお前が信頼されるのは当然だが、過労になるのが心配だ。自分達の部隊長殿の要望事項の中に「永久御奉公」というのがあるが身体を弱くしては御奉公は出来ない。お前もその積もりでやってくれ。

学校への寄付は好きなようにやってくれ。何も条件を付けなく、自由に使用していただいたらよいだろう。疎開児童はもう来ましたか、この決戦下に寺が少しでも有意義に使用されるのは何よりだ。

小さな写真だが亜子の成長したのには驚いた。宜正が口を開けて写っているがよろしくない、よく注意しておく様に。母は少しやせたかしら、然し非常にほがらかそうに撮れているのが嬉しい。お前が写っていないのは残念だ。自動シャッターで撮ったらよかったのに。

今日は日曜、応召以来二度目の外出を許された。少々早めに帰り、これを書くことが出来た。

正雄（十九年九月二日着）

（『一億人の昭和史　日本人2　三代の女たち（中）』毎日新聞社）


夫の正雄はシベリア抑留から昭和二十二年、奇跡的に生還。その際に妻・翠からの手紙を持ち帰りました。二年間の抑留生活の間、ずっと手放さずに大切に持っていたのです。妻からの手紙がいかに心の支えとなり、命を支えたかがわかります。

まるで並んで会話をしているような文面、お互いを気遣う言葉には切ないほどの愛情が滲み出ています。「お前が写っていないのは残念だ」というひと言には、あふれんばかりの妻への思慕が表れています。

学童疎開が始まってお寺を提供することになったのでしょう。条件などつけずによい、寺が役立つのは何よりという言葉から、正雄が立派な住職であったことがうかがえます。妻の翠といい、なんと善良な夫婦なのでしょう。


いっぽう、戦地で働く女性たちもいました。ラバウルの野戦病院精神室で従軍看護婦を務めた中川貞子（当時、日赤第三八〇班看護婦）の手記からは、傷病に倒れた兵士の生々しい姿が伝わってきます。


五日目、私は始めてその病室に入りました。「如何ですか、御苦労様でした」と言っても、目をすえて睨みつける人、相変わらず大声張り上げている人、涙をはらはら流している人、個室に入れられてあばれている人、実に様々でした。

丁度中程まで来ると、年若い兵隊さんが頭を抱えてしょんぼりしているのです。

「お母さんが来ましたよ」

と肩を叩いて声をかけますと、とたんに「お母様申し訳ありません」と言って私の手をちぎれんばかりに堅く握りしめ、号泣したのにびっくり、なだめるのに一苦労しました。それから

毎日病室のお母さんになり、怒っては御飯を食べさせ、なだめては休ませ、又精神病室で暴れ廻って手のつけられない時でも、

「何しているの、お母さん来たよ！」

との一言に一瞬ハッとして静かになりました。それを繰り返しているうちに日一日と静まって行くのを見て、「お母様」というすばらしい言葉に病が半分はよくなって行くのだと思いました。特に精神病室に於いては。

戦地で「お母さん」と最後の言葉を残して死んで行った兵隊さん、病魔と戦い薄れて行く意識の中からもやはり「お母さん」と叫びつつさし出す手「お母さんですよ」と、だんだん冷たくなって行く手を握りしめ涙した事も度々ありました。

世にもすばらしい呼び名、それは〝お母さん〟——戦地に行ってつくづく思いました。

（『紅染めし　従軍看護婦の手記』「ラバウル戦線」中川貞子　永田書房）


皆、最後に母を想ったのです。

英霊の手記や遺書のほとんどに「母」の字を認めることができます。

それは戦争という不条理の中、「何故に戦うのか」という問いかけに対するひとつの答えでした。それを深く理解していたからこそ、女性たちもまたそれぞれの戦いを受け入れていったのです。

開戦から二年。
戦局は急展開を迎えようとしていました。

第二章　苦難の中に光あり

1　激戦のソロモンへ

昭和十七年七月二十日に小松島海軍航空隊における教官および分隊長を拝命した美濃部大尉は、約一年三ヶ月にわたりおだやかな日々を過ごしました。

初めて経験する落ち着いた結婚生活。朝起きると、篤子がいそいそと朝餉の仕度をしている。その姿は、なんともほほえましいものがありました。食糧が不足するなか懸命に工夫しているのがわかります。

が、どうも家事は得意ではないようです。

最初は不慣れなだけかと思っていた美濃部大尉でしたが、そもそも掃除洗濯炊事いずれも向いていないようだ、と確信しました。共に暮らして一ヶ月あまり経ってからのことです。

実家の美濃部家には女中がいるうえ篤子はとにかく日がな一日読書をしたり絵を描いたりしていても飽きない性格。家事が苦手というのは現実問題として困ることではありましたが、そこは蜜月ゆえの「あばたもえくぼ」、まあそんなこともあるかと案外簡単に許してしまうのでした。

小松島ではしょっちゅう海釣りに興じました。子どものころから釣り好きだった美濃部大尉にとって、それは何より嬉しいことでした。

週に四日間ある夜間訓練の時は、暗くなるまで待たねばなりません。同じ待つなら釣りをしながら待てば一挙両得です。美濃部大尉は基地の防波堤にむらがる小鯵を釣って、篤子への土産としました。何もせずぼんやり時を過ごすということがほとんどないのです。

二十～三十尾ほども小鯵を捕まえて帰宅する時には、もう篤子の喜ぶ顔が浮かんでいます。もっとも、鱗をとってはらわたを出して……と、下処理するのは美濃部大尉なのです。二枚おろしもお手のもの。手先の器用さは抜群で、ちょっとしたものを手作りするのが楽しみでさえありました。

家の明かりがやさしい光を投げかけてきます。簡素ながらも二人住まいには十分な家でした。帰りを待つ人がいるということは、なんと幸せなことだろう。

家のともしびは心のともしびなのです。

海軍時代最良の月日。

しかしそれは、あたかも嵐の前の静けさともいえるのでした。

昭和十八年十月二十日、第九三八航空隊飛行隊長拝命。

再び戦地へと赴くのです。赴任先はソロモン諸島のブーゲンビル島でした。

ブーゲンビル島、ラバウル島、チョイセル島、イザベル島、ガダルカナル島、ニュージョージア島など大小あわせて一〇〇〇にも及ぶ島々からなる南太平洋のソロモン諸島への日本軍の進攻は開戦まもなく始まりました。そして、ニューブリテン島のラバウルをはじめ、ショートランド島やブーゲンビル島にいくつかの拠点を置いたのです。なかでもラバウルには海軍最大の拠点があります。

米軍は、まずはラバウル周辺の島々を占領し、最大の拠点たるラバウルを孤立・無力化させようと狙っていました。昭和十八年なかば以降、米軍の戦力は日を追って増強され、日本は猛攻にかろうじて耐えている状態です。

米軍は手始めにブーゲンビル西方にあるチョイセル島と南方のモノ島に進攻。続いてタロキナに上陸を成功させました。これによりソロモンは緊張状態に陥ったのです。

敵が上陸するや砲火の嵐となります。五月末にアッツ島が全滅したことを思えば、このたびのソロモン戦は玉砕をも覚悟せざるを得ません。

今度こそ生きて帰ることは出来ないかも知れない。

別れはおのずから差し迫ったものとなりました。

「ソロモンは今、日米決戦の天王山だ。生還は期待できない。後のことを頼む」

大きな瞳でしばらく美濃部大尉のことを見つめていた篤子は、「わかりました」と思い掛けず落ち着いた声で答えました。けれど辛抱していることは痛いほどわかります。涙を見せずに送り出してくれたことを感謝しながら、見送る篤子の姿を目に焼き付けるのでした。

2　夜襲攻撃の腹案

この時期は美濃部大尉個人としても苦境となりました。

事を成そうとする時、往々にして壁が立ちはだかります。よく知られる孟子の格言「天の将《まさ》に大任を是の人に降《くだ》さんとするや、必ず、まずその心志《しんし》を苦しめ、その筋骨を労す」とあるように、特別な使命を持つ人は「これでもか」という辛酸を経験します。美濃部大尉が芙蓉部隊を誕生させるには、いくつもの難局を乗り越えなければなりませんでした。

しかし不思議なもので困難には必ず光が含まれています。その光の最たるものは「人の縁」です。芙蓉部隊という独自の部隊を誕生させ、かつ育て上げることができたその背景には、少なからぬ人々の理解と協力がありました。

昭和十八年十月二十九日、美濃部大尉はソロモン諸島に向けて出立、第九三八飛行隊の飛行隊長としてショートランド島に赴任しました。

到着するやいなや、旅装を解く間も惜しんで出かけます。軍刀を手に建設中の基地を見回ったのは十一月二日のことでした。

何しろ戦況がまったくわからない。

相変わらず情報は秘匿されており、小松島で勤務しているうちに、戦況に対してすっかり疎くなってしまったのです。一刻も早く状況を掴み、作戦の判断材料とする必要がありました。ラバウル湾は外輪火山に抱かれた、大きな弧を描く美しい湾です。湾を挟んだ向こう側には噴煙を静かにたなびかせた火山が見えています。湾内には大型の輸送船が十隻あまり浮かんでいました。

晩秋の日本から南国の島へやってくると高温多湿がこたえます。比較的雨の少ない時期であることがせめてもの救いでした。

基地の建設に携わる兵士も汗まみれ泥まみれです。裸で働く現地住民の姿も見られました。重機はほとんどなく多くを人力に頼っています。米軍がトラクターやブルドーザーなどを使って瞬く間に基地を完成させてしまうのとは天地以上の差がありました。

それでも、戦はこれからだ、と、美濃部大尉は自らを奮い立たせるのでした。

熱風が頬をかすめていく。何気なく空を見上げたその瞬間、早鐘の音がけたたましく鳴り響きました。思わずビクリと立ち止まる。

空襲警報！

作業員が蜘蛛の子を散らすように逃げていきます。人影があっという間に消え失せて、気づけばまばゆい陽射しの中、一人立ち尽くしているのでした。

これまでいくつもの戦場を体験し、砲火もかいくぐってきました。けれどそれはいつでも飛行機に乗っている状態でした。美濃部大尉は地上にいて敵機の攻撃を受けたことがないのです。ただそれだけのことが戸惑いになりました。

部下の叫ぶ声がします。

「隊長！　早く防空壕へ！」

防空壕？

軍人が防空壕などに逃げ込めるか。

軍人らしい行為ではないと美濃部大尉はなおためらっていました。

ふと振りかえると湾内に敵機が殺到しているのが見えました。超低空で艦船の手前すれすれに弾を落とし、その弾がバウンドして船腹に命中せしめる「反跳爆撃」という方法で輸送船を確実に破壊しています。火柱と黒煙が上がり、つい今し方まで静かだった湾内はたちまち火の海と化しました。

今度はすぐ頭上から機銃掃射音。別の戦闘機群が基地に殺到してきたのです。すさまじい銃爆撃、もはや防空壕に駆け込むいとまはありません。

命が危機にさらされた時、人間は本能的に身を守ろうとします。すでに何も考えてはいませんでした。すぐ近くにタコ壺があるのを見つけた時には、もう体が動いて中に飛び込んでいました。

はらわたに響くような轟音を聞きつつやり過ごします。ずいぶん長く感じられました。

いつになったら終わるのか？

やがてあたりは静けさを取り戻しました。


美濃部大尉は到着して間もなく敵空襲の洗礼を受けたのです。新たな赴任地が想像以上の厳しさであることを嫌と言うほど知りました。

この十一月一日はブーゲンビルの戦いおよびブーゲンビル沖海戦が始まった日でした。第九三八航空隊の飛行機も無残にやられ、残っているのは数機のみ。二〇〇機もの敵機が来襲し、輸送船五隻、地上機の多くが大破してしまったのです。

美濃部大尉は零式水上偵察機に搭乗し、念のためブカ水上機基地の状況も確認しに出かけました。やはり無残な状況でした。ブカにも猛攻撃があったのです。


私がソロモンの戦場に赴任した十一月一日は米軍怒濤の進攻作戦の渦中であった。何の予備知識も無く勝ち目充分の戦場とばかり信じて迷い込んだ道化者の旅であった。前にはモノ島、後ろにはタロキナの米軍基地のショートランドは敗退の当夜とも知らず迷いこみ。神仏も哀れと思し召しか敵中一〇〇〇キロの旅の無事を感謝する。

十一月五日、連合艦隊遊撃部隊はラバウル湾外泊地到着直後敵機の空襲により全艦被害を受けた。制空権無きソロモンから連合艦隊の姿は消えラバウルは孤立せんとしていた。

十一月六日、美濃部大尉の航空部隊はムンダ、タロキナ、ビロア、フィッシュを攻撃し、夜には夜間飛行でショートランドを巡視。

八日はブインに対して熾烈な空襲があり、ブーゲンビル沖では航空戦が展開、以来、ほぼ連日、航空戦が行われましたが、これでもかと繰り出されてくる米航空機に日本軍は多くの飛行機を失っていったのでした。

米軍は予定通りブーゲンビル島のタロキナ湾に基地を造成し、そこを拠点に各方面へ攻撃、ラバウルを孤立無援化するという作戦を着々と進行したのです。兵力はますます増強され、戦況はあまりに一方的なものとなっていました。

なんとかこの戦局を打破する手段はないものか。

十一月十七日。ブーゲンビル島西方に米軍機動部隊北上、美濃部大尉率いる第九三八航空水上偵察機にも出動の指令が下りました。

美濃部大尉みずから空中指揮を執り、真夜中の珊瑚海へ出撃。第五次ブーゲンビル沖航空戦が始まったのです。

夜になってから美濃部大尉は再び捜索活動に出かけました。

暗夜にまみれて水上偵察機で飛びます。その帰路、タロキナにある米軍飛行場へと接近。もう夜明けが近く、あたりは徐々に明るくなりつつあります。

米軍飛行場の上空にさしかかった時でした。突然、無数の閃光が目の前をかすめました。対空砲火を受けたのです。それも両国の花火のようなすさまじさです。

危うく交わしながら旋回した時、美濃部大尉は、はたと閃きました。

これまで水上機部隊は敵の偵察や敵状・戦況などの連絡、救助や小規模の攻撃などいくつかの役割を担ってきました。それを、攻撃を最大限まで強化してはどうかと考えたのです。

それも敵の戦闘機がいない夜中から未明にかけて出撃し、飛行場や艦艇に投弾と掃射を加えるのです。攻撃の後は、敵が混乱に陥っている間に、即座に離脱する。

戦闘機も激減した今、白昼堂々の戦闘は乏しい戦力をいたずらに消耗するばかりです。航空母艦や巡洋艦など艦艇を狙ったほうが敵への打撃を大きくできるのは自明の理。飛行機対飛行機の戦闘で敵戦闘機を十機ほど墜としたところで、米軍はいくらでも戦闘機を飛ばしてくるのです。

質量ともに劣勢なのは火を見るよりも明らか、ならば常識を越えた工夫と実施の努力で対抗すればいい。

美濃部大尉の中で夜間奇襲作戦の案がかたちを取り始めていました。

3　死地を共に

しかし十二月下旬になると空襲は午前と午後の二度行われるようになり、米軍による制圧は激しさを増す一方となりました。派遣基地も被爆し、隊舎は大破しています。やむをえず横穴を掘ってなんとかやり過ごす日々。航空機は失われ、もはや為す術もありません。

艦船や基地に狙いを定めて未明に攻撃するという、これまでにない夜襲攻撃を思いついたところで、飛行機が無いとなれば、それをいかに実行していくか試しようがありません。

翼を失った飛行士ほど悲しいものはありませんでした。

ラバウルからの飛行機も途絶えた、どうやら決戦正面は北方ニューブリテン方面に移り、ブーゲンビル島四万の将兵は空と海を制せられた格子無き牢獄に置き去りにされたようである。戦場お上りさん、僅か二ヶ月で飛行機持たぬ飛行隊長。最前線に在りながら、小銃数丁しか持たぬ四十名足らずの部隊長。こんな間の抜けた戦争が在るものか。

やがて昭和十九年が明けました。

寂しく、侘しい年明けでした。顔色の悪い隊員が増え、気力体力も極限に来ていることを察せざるを得ません。かくいう美濃部大尉も、また少し肉がそげ落ちているのでした。

祖国は北方はるか五〇〇〇キロ。鎌倉の家で篤子はどうしていることやら。少しは正月気分を味わっているだろうか。初詣はすませたか？　故郷の母は元気でいるだろうか。

子どもの頃の思い出がにわかに蘇ってきました。

庭先で鶏と戯れていたのは、何歳の頃だっけ。元気な頃の父までもが見える。おだやかな眼差しが懐かしい。

亡き父の面影が克明に浮かんだその時、強烈な爆裂音がしたかと思うと一瞬にしてあたりは闇と変じました。

何も見えません。爆音の衝撃で聴力が失われたのか、深海へ潜ったように音がほとんど聞こえてきません。

手探りで防空壕へ。またも凄烈な爆発が起き、あたりが激しく震動しました。

これまでの空襲のような一過性の攻撃ではないようです。数発の弾が十秒間隔で続き、いつ終わるとも知れません。

椰子の木が倒れる音、うねるような爆風の音……。闇が恐怖で満ちていく。

俺は震えているのか？

全身がわなないていました。なんたる情けないことか。

「これが兵学校を出た者の態か！」

景気づけに軍艦マーチを歌い始めました。しかしその声までもが震えています。

防空壕の中には部下はおらずにただ一人、こんな醜態を見られずにすんだのがせめてもの幸いでした。

ふと、何かが膝に飛び込んできました。なんだろう？　ふわふわとして、どうやら猫です。すっかり怯えて全身を震わせていました。なでる手に背骨があたり、痩せ猫であることがわかります。

かわいそうに、どこから来たんだ？　逃げ場を求めて飛び込んできたんだな。

「お前と一緒に死ぬか」

猫を抱き寄せていると不思議なほど落ち着いてきました。

去る十七年四月のインド洋作戦では、油虫が飛行機の計器板にあらわれて、死闘を共にしてくれたことがありました。

あの油虫もこの猫も、そしてこの自分も、なんと儚い命であろうか。

いつ死ぬとも知れない戦いの中にあって、生きとし生けるものすべてが愛しく感じられました。大いなる天のもとでは、すべて同じ命なのです。

砲撃は止むことを知らず、ついに壕の入り口で炸裂。

一切の音が消え、硝煙の匂いを感じたのを最後に、記憶が途切れました。

空白の時が流れました。気づくと夜が明けています。

「ああ、よかった、大丈夫ですか、隊長」

隊員に助けられたのです。あたりは惨憺たる有様でした。基地を覆っていた椰子の林は倒されて生焼けの状態になっています。本部指揮所は焼けただれた床板しか残っていません。

これで最後か。

どうしようもない思いがこみあげてきました。艦砲射撃の後に上陸し、一気に攻撃してくるのは米軍の常套手段です。こんな状況で猛攻撃をもって攻め込まれたら、兵士は為す術もなく惨殺されてしまいます。

もはや各隊は陣容を失っていました。一刻も早く隊を整える必要があります。今後はどうすれば良いのか、指示を仰ぐために司令部の大佐のもとを訪れました。

しかし大佐の返答はあまりに素っ気ないものでした。

「君の所の面倒を見る余裕はない」

何やら書類を処分しようとしているのか、まったく相手にされません。

指揮系統が異なっても、このような緊急事態が生じた場合、先任者の統一指揮下に戦うのが軍令行使の原則ではないか！

思わず出そうになった言葉を、しかし美濃部大尉は飲み込みました。言ってみたところでどうしようもないことはわかりすぎていました。誰もがどこから手を付け何をすれば良いのか、自分の持ち場で精いっぱいだったのです。

そしてまさに自分自身も為す術を見いだせないことに気づいたのでした。

がっくりと肩を落としたまま隊へと戻ると、生き残った隊員を集めました。

「孤島の派遣隊で良く耐えてくれた。さぞかし故国に帰りたかろう、死にたく無かろう。私も同じ気持ちで在る。今や帰る舟も翼も無い。しかも敵上陸の気配濃厚、戦う武器も無い。私は皆に何もしてやれない。敵来攻すればジャングルの中に逃げたい者は逃げて良い。留まる者は、私が手を取り前進する」

心のまま、精いっぱいの訓示でした。

なんと情けない隊長だろうかと思われても構わない。何もしてやれないのは事実です。最後にできることといえば、死地を共にすることだけでした。

しかし、多くの指令や幕僚、隊長が「現地解散」という言葉を都合良く使い、部下を置き去りにして逃げていることを思えば、為す術がないのであれば最後まで共にあろうとする美濃部大尉の姿勢は、隊員にとってありがたいものでした。形式にとらわれることなく、隊員を預かる立場を真に受け止め、ひとりひとりについて考慮しようとする姿勢は、隊員たちの心を打ったのです。

その夜、先任の下士官が美濃部大尉のもとへやってきました。

「今日の訓示ほど感銘を受けたことはありませんでした。今まで上官の訓示といえば、決まって君国の為に命を惜しむなということばかり。勇ましいことを言うのです。そのくせ戦いが不利となれば、上官はさっさと引き上げて、我々は取り残された。美濃部隊長の訓示を受けた後、皆で話しあいました。そして、この隊長となら一緒に死ねる、と、全員の意見が一致したのです。連れて行って下さい。私は皆に頼まれて、このことを伝えに来たのです」

ありがたい言葉でした。どうしようもなく孤独だったところに、灯を見たような思いです。

「私のほうこそ、着任して日も浅いなかで皆に助けられてきた。昨夜にしてもそうだ。皆に助けてもらわなかったら生きていなかっただろう。砲撃の最中、私は震えていたんだ。情けなかった。皆迷える羊だ、こちらこそよろしく頼む」

この時始めて部下統御は、虚勢を張ること無く己の使命に忠実、実践するにありと悟った。

どんな場合でも大切なのは互いの信頼関係です。こと戦場に於いては、それが戦果を大きく左右することにさえなります。

美濃部大尉の部下に対する姿勢は、その後も一貫して変わりませんでした。芙蓉部隊の結束の強さ、士気の高さの原点は、ここにあるのです。

4　零戦夜襲隊を立ち上げよ

それから数日後。例によって空襲です。

早鐘の音を聞きながら、横穴の中で美濃部大尉は体を動かすことが出来ず、ただ呆然と横たわっていました。

死の恐怖もありません。すさまじい爆音は、あたかも夢の中で聴いているようです。

ばらばらと土が上から降ってきます。顔にひんやりとした土が当たる感覚がありました。

しかし払いのけようという気力もありません。やがて意識が薄れて行きました。


ふと目が覚めると、ベッドに横たわっている自分を発見しました。

夢だったのだろうか?

ぼんやりした頭をなんとか起こし、あたりの様子を窺ってみる。野戦病院の病室にいるらしいことが、だんだんとわかってきました。美濃部大尉はマラリアにかかっていたのです。

空襲の最中、五~六人の隊員たちが気づいて、美濃部大尉を防空壕へと担ぎ込んだのでした。

その時、体温は四十二度。衛生兵が注射を打つも効果は無く、ラバウル野戦病院に運び込まれたのです。意識が戻ったのは一月九日のことでした。

病院といってもニッパの葉で造ったニッパハウスとテント張りです。一棟あたり五十人から六十人ほども収容され、五~六人の従軍看護婦が看護にあたっています。

毎日、たくさんの傷病兵が運び込まれてきました。泥と汗で真っ黒に汚れた肌、血液がこびりついた軍服のままでベッドに横たわり、ひたすら痛みに耐えています。中には看護婦を気遣う兵士もいるのでした。

「何もしなくていいです、そこに立っててくださるだけで十分です。それより看護婦さん、どうか病気をせぬように気をつけてください。こんな前線まで来ていただいただけで十分です」

子守歌を歌って欲しいと願う兵士もいました。看護婦が傍らで歌っていると、おだやかに目を閉じて静かに息を引き取っていくのでした。こうして看取ることもまた、看護婦の役割なのです。

看護婦たちは、あたかも兵士の母のごとく懸命に看護するのでした。白衣の天使と称される従軍看護婦は、同時に慈母でもあったのです。


入院して四日目、熱は下がり、ようやくお粥を食べられるまでに回復しました。一日も早く復帰するために、美濃部大尉は野戦病院の周辺を散歩しながら体力の回復をはかりました。

ある日、病室のベッドで読書をしていると、棒を振り回しながら少年兵が走り込んできました。何ごとか叫んでいます。後から「こら、だめですよ」と息も絶え絶えに従軍看護婦が追いかけてきます。

「教官！」

見ると、小松島海軍航空隊で教官を務めているときの教え子でした。まだ十九歳、あどけなさの残る少年航空兵でしたが、どうやら精神疾患と診断されているようです。マラリアの高熱により脳を冒されてしまう兵士が少なくなかったのです。

なんと哀れなことだろう。故郷の親が知ったらどんなに悲しむか。

少年兵をベッドに並んで座らせて、いただきものの羊羹を差し出しました。少年兵はにこにこと嬉しそうに食べ始めました。

「こんなに聞き分けの良いところを見たのは初めてです」

看護婦はびっくりしています。

羊羹を平らげた少年兵は、いかにも不服げでたまらないといった様子で言いました。

「みんな僕をおかしくなってしまったと思っています。でも僕は飛行機に乗れますよ。教官、僕を退院させてください！　水上偵察機に二五〇キロ爆弾を積んで、二十ミリ機銃を四丁つけて攻撃がしたいんです！」

なんだって？

皆が「精神を病んだ」とする少年の、画期的な発想でした。美濃部大尉の腹案、水上機部隊による夜襲攻撃に、またも光が射したのです。

約十日後に無事退院し、ラバウルの基地に復帰した美濃部大尉は早速司令部に意見具申しました。

「今や南方方面艦隊の戦闘機は百機にも満たない数しかありません。敵は昼夜かまわず来襲していますが、我々には対抗する兵力もありません。ただし、南方方面艦隊には水上機パイロットが百名以上もいるのです。彼らは夜間飛行はもとより空戦、爆撃、洋上航法も可能です。そのうち飛行経歴が千時間を超えるベテランは五十名。能力に秀でたパイロットが飛行機も無く、従って活躍の場を失い涙を呑んでいるのです。彼らの技術力なら十日もあれば零戦に転換が可能です。零戦を使った夜襲によって敵の兵力を叩くべきです。トラック島で訓練させてください。私には自信があります」

必死の上申です。が、司令部は一蹴しました。十日で零戦転換などできるわけがないだろう、というわけです。しかし、むしろそう思うほうが普通でした。それくらい美濃部大尉の発想は常識を越えていたのです。

美濃部大尉にしても、それは十分すぎるほど理解していました。ゆえに一蹴されることは十分予測していたのです。やはりダメか、と思いはしますが、諦めはしません。

言葉による説得が無理であれば、行動によって理解を得る努力をすればいい。

一月末、敵の背後の状況を探るため、ブイン川から無灯火で飛び立ちました。行く先はソロモンです。

米軍が制圧したモノ島は不夜城のように煌々と灯りをつけていました。その昼間のような明るさの中で飛行機が発着しています。

その様子を水上偵察機から眺めていた美濃部大尉は、大胆にも飛び込んでいきました。敵機と同じく航空灯を点じて南下します。時速三百キロで飛行する一機の小型機が日本機であることを、米レーダーも気づいていません。

かつて日本軍が占領したいくつかの島々は、もはや米輸送船航空機の銀座通りと化していました。しかし、この大通りこそが「忍者の潜入」に好都合だったのです。

まったく事なきを得て帰還。

自信を得た美濃部大尉は、翌日には二番機を連れて行きました。しかも二番機には六十キロ爆弾を四発搭載させたのです。これこそ、ラバウルの野戦病院で少年航空兵の言葉がヒントとなったものです。

目指すはニュージョージア島にある米軍のニヤイ飛行場基地。前日同様、すれ違う敵機も日本機と気づきません。

基地上空を一周したあげく、大型・中型の敵機五機を爆撃し離脱しました。さすがに敵も気づいて対空砲火を猛烈に浴びせかけてきたものの、後の祭りです。

作戦成功。美濃部流夜間奇襲作戦に成算あり、です。

ありがたいことに、この敵背後の偵察攪乱作戦に、第八艦隊の司令長官以下幕僚が理解を示してくれました。しかも、積極的に協力を申し出てきたのです。

美濃部大尉はあらためて司令部に水上偵察機パイロットの零戦転換を具申しました。さらに第八艦隊の司令長官からも、夜襲戦闘機としての敵後方撹乱兵力の整備と強化策を進言してもらったのです。ちなみに、この時の夜襲戦闘における対策は、約五ヶ月後に誕生する芙蓉部隊の錬成および運用と同じものでした。

ほどなく異例中の異例といえる発令が下りました。

南方方面艦隊命令「第九三八航空隊はすみやかに水上機搭乗員を零戦に転換すべし」

美濃部大尉率いる航空隊の零戦使用を認めるものでした。

部隊の編成や装備などは中央の軍令部が行う規則となっており、艦隊司令長官といえども決定権はありません。それゆえに、若干の不安はありました。あとで面倒が起きないだろうか？

しかし、戦況は中央での判断を待つほどの余裕などありません。それがために司令長官も軍令違反を承知で指令を下したのでしょう。望んで具申したとはいえ、この命令の重さに身の引き締まる思いがするのでした。

5　零戦百機　炎と化す

二月五日、美濃部大尉は水上偵察機から零戦に転換するパイロット十八名を率いてトラック島の竹島飛行場へと移動しました。ここで徹底的に錬成し、全員を零戦パイロットへと育て上げるのです。錬成完了次第、ラバウル復帰の予定となっていました。

いよいよ夜襲部隊をつくるのです。しかし、錬成を始めて二週間もたたぬうちに、まさかの事態となりました。

二月十七日から翌十八日にかけてトラック島が大空襲に見舞われたのです。

わずか二日間で、日本軍は夥しい艦船と航空機を失いました。巡洋艦三隻、駆逐艦四隻など多くの艦船を失ったほか、航空機も二七〇機を喪失。基地機能は完全に失われました。

美濃部大尉は黒煙に包まれた基地を前に呆然となるほかありませんでした。あてにしていた零戦も手に入らず、もはや錬成どころではありません。

さすがに進退に窮し、第二十六航空艦隊酒巻宗孝中将に窮状を訴えることにしました。

夜襲の必要性と、急を要することを切々と説いたところ、酒巻宗孝中将はすぐに理解してくれました。酒巻宗孝中将もこれまで忸怩たる思いを抱えながら戦に挑んできた苦労人でした。現況を鑑みて作戦に対する意見を述べても弱腰だと却下され、しかし敗北するとその責任を押しつけられてしまう。司令部の作戦が現実的ではないことを、酒巻中将も身をもって経験していたのです。そのため、ここに至って敵に応じる手段として、美濃部大尉の考える夜襲は確かに成算ありと膝を打つ思いでした。

「わかった。すみやかに内地へ帰るように。飛行機を受け取ることが出来るよう私が手配する」

美濃部大尉は生き残った隊員十四名を集合させると、急ぎ混迷のトラック島を離れ、日本へと向かいました。

二月末。南国から一変、日本は冬に閉ざされていました。

しかし、厳寒の中にも、ごくわずかな春の兆しが見え始めています。ちょうど梅が咲き始めていました。きりりと冷える大気の中、ふいに漂う清廉な香りは、早春の喜びを心にもたらします。

東京の空は雲に覆われていました。目指すは海軍省軍令部です。

当時、大本営海軍部は霞ヶ関にありました。海軍省との共用で使用されている重厚な赤煉瓦造りの三階建てで、軍令部は三階です。

時を惜しんでいた美濃部大尉は、帰国したばかりで現地に居たとき同様、よれよれに汚れた軍服のままです。しかし気にしませんでした。むしろこの姿から現地の実情を読み取ってくれと言いたい気分です。

堂々と正面玄関から入り、三階を目指しました。

参謀肩章を付けた大佐、中佐が行き交う海軍省の廊下、私は敬礼する気も無かった。こいつ

らは前線の実情が判って居るのか、国運まさに極まりつつあるのにいい加減な報道で国民を騙し威張る資格があるか。是が非でも零戦を受ける迄引き下がらないぞ。

とはいっても、勝手知らぬ大本営、いったいどこの誰に交渉したら良いものやら、まったくわかりません。

幸い情報部に実兄の太田守中佐が勤務していました。ビシッとした制服姿の太田中佐とボロボロの美濃部大尉。二人が兄弟だとは誰が想像できましょう。弟の姿に、兄の守は思わず怪訝な顔をするのでした。

事情を話すと「それは大変だ」と心配顔。軍令部を無視して現場の司令官が編成についての命令を下したとなれば、明らかな編成令違反となってしまいます。

「どのような判断がくだされるかわからないが、ともかく軍令部一課へ行った方が良い」

美濃部大尉は兄のいう通りにしました。

軍令部第一課の航空作戦担当部員は源田実中佐（当時・最終階級は大佐）です。海軍航空隊きっての辣腕パイロットで、ごく早い時期から航空戦力の重要性を訴えていました。実質主義で発言力もあり、周囲から一目置かれた存在です。

にもかかわらず状況を話しても取り合ってくれません。

「水上機部隊に零戦は渡せないな。だいたい、十日で零戦への転換などできるわけがない」

もはや開き直るしかありません。言うべきは言わせてもらおうじゃないか。

「失礼ながら、今の戦闘機乗りは夜もろくに飛ぶことはできません。飛ぼうともしません。前線の消耗も激しく、若年の未熟な者が多くなりました。そのいっぽうで、戦況は日々悪化している中、二〇〇〇名あまりもの熟練水上機パイロットが活躍の場を失って嘆いているのです。戦いたくても戦えずにいるのです。私が乗ってみましたが、三週間で夜間銃爆撃ができるまでに錬成できることがわかりました。水上機による夜間飛行を経験した身からすれば、むしろ陸上機の操縦は容易でさえあります。迎撃空戦だけでは勝てません。零戦を使った夜間攻撃をやらせてください」

源田中佐は少し考えた後、判断を下しました。

「わかった。特設飛行隊を編成するように」

水上機部隊に戦闘機が欲しい、という美濃部大尉の要求は却下されたものの、零戦の新たな飛行隊を編成し、その飛行長に就任せよ、ということになったのです。

やはり言ってみるものだ。筋さえ通っていれば、わかる人にはわかる。

ようやく零戦への転換が実現しました。夜間攻撃隊への第一歩です。

美濃部大尉は最新鋭の零戦五十五機を与えられたばかりか、人員も希望通りとなりました。

夜間飛行に秀でた水上機搭乗員総員五十五名で構成されたのです。

ついでながら、源田実氏も戦後、美濃部大尉と同様航空自衛隊に入隊しており、航空自衛隊初代航空総隊司令および第三代航空幕僚長として黎明期における重要な役割を果たしました。ブルーインパルスを創設したことでも知られています。美濃部大尉は自衛隊時代にも源田氏より助言を受けるなど、長らく縁が続いたのでした。

美濃部大尉は第三〇一航空隊に所属する戦闘第三一六飛行隊の隊長に就任しました。隊の錬成が完了次第、マリアナへと進出します。さっそく横須賀基地へと向かい、準備に着手しました。一日も、一時間も無駄にはできません。

三月二日、隊員が続々と集まってきました。皆が特設飛行隊新編成命令を心から喜び合っています。久しぶりに見る心からの笑顔でした。

こんな笑顔を見たのは、いったい、いつ以来だろう？

美濃部大尉は思いながら、ふと自分自身、長いこと心から笑うことがなかったことに気づいたのです。

訓練が行われるのは神奈川県厚木基地。顔見知りの水上偵察機パイロット二十二名はいずれもベテランでした。

いっぽう、十五名は零戦課程修了の新人で、夜間飛行、洋上航法訓練は三ヶ月では無理があるため工夫が必要です。新人の訓練には練達の牧大尉と従二大尉、そして島本大尉の三人が力を発揮してくれました。いずれも積極的で統率力抜群なパイロットです。何より美濃部大尉の作戦を理解していました。

日ごとの猛特訓に加え、座学でも教えることが山ほどあります。南洋の気象から攻撃法、米軍情報など多岐にわたる内容は、美濃部大尉が一手に引き受けました。

第三〇一航空隊のマリアナ進出は五月末。飛行隊員は皆懸命の努力をしていた。私の人生で最も充実した時期であった。

誰もが水を得た魚ならぬ翼を取り戻した海鷲となっていました。美濃部大尉は静かな闘志を燃やしつつリーダーとして部下を指揮しながら、かつ部下に支えられながら、満ち足りた日々を過ごしていたのです。

昭和十九年五月二十日。ついに錬成完了。夢にまで見た零戦五十五機が、勇猛果敢な夜襲部隊として揃ったのです。隊員達の顔は自信に溢れていました。

いよいよマリアナへ出陣です。

6　まさかの人事異動

五月二十二日、第三〇一航空隊へ出頭し、司令・八木勝利中佐に錬成完了・出撃準備完了の報告をしました。

マリアナの危機に際してどれだけ喜ばれることだろう。

しかし、八木司令の反応は予想とはまったく反対のものだったのです。

意思の疎通が行われていなかったといえばそれまでです。八木司令は美濃部大尉がどのような作戦を展開しようとしているのか理解していませんでした。そして司令として、その組織下にある戦闘第三一六飛行隊に対していかなる働きをしてもらうか、八木司令なりの考えを持っていたのです。

それは簡単にいえば、敵の航空機との戦闘でした。美濃部大尉が、航空機対航空機はもはや効率が悪い、夜間に空母や基地などを襲撃したほうが有効だ、とする以上、真っ向から対立するのもやむを得ません。

美濃部大尉は八木司令としばし激論を交わしました。しかし、平行線を辿るばかりです。

「わかりました。連合艦隊軍令部に戦闘第三一六飛行隊の錬成完了を報告します」

これ以上話していてもらちがあきません。もとはといえば軍令部の源田中佐から編成命令を受け、特設飛行隊長に就任したのです。そうである以上、軍令部へ直接報告する責任がある。そう判断し、美濃部大尉は辞したのでした。

しかし二日後、基地に出勤すると、またも予想しないことが待っていました。

第三〇二航空隊への異動配属。

まさしく青天の霹靂《へきれき》です。

そんな馬鹿なことがあるか、と、確認しても、間違いないとの返事。

戦闘第三一六飛行隊は、今や戦艦大和にも勝る攻撃力を有している。ここまで育て上げて、今さら指揮官を変えて、隊員の士気はどうなるのか。夜襲戦法をここまで訓練してきて、その推進者を変えて運用ができるのか。しかも、マリアナは風雲急を告げる事態。一命を捧げた海軍が、こんないい加減なところであったとは！

怒り心頭に発すとはまさにこのことです。忍耐に忍耐を重ね、努力と工夫を怠らず、ここまでやってきたというのに、この期に及んで除外とは、何をどう説明されても納得できるわけがありません。もっとも、説明などないのでした。命令は絶対、ただ下されるのみです。

海軍を辞めよう！

「人生で最も充実した時期」とまで言えることは、そうあるものではありません。この一言から、美濃部大尉がどれほど情熱をかけていたかがわかるのです。情熱、というよりも、まさしく「我が命をかけて」でした。恐らくマリアナが死地になるだろう、ならばこの人生のすべてをかけてどこにもない少数精鋭部隊をつくりあげよう。

それが、あっけなくくじかれた。少年の頃からの憧れだった飛行士の道を捨てようとまで思い詰めるのも頷けます。

いかなる処罰を受けようと、これ以上の屈辱は無い。日本の明日に希望も無い。飛行隊には突然の事ながら、説明の言葉も無い。従二大尉に一昨日の八木司令とのやり取りを説明。海軍も辞める後頼む。と告げ別れた。共にマリアナを死地として戦わんと、勉励叱咤した隊長が内地に置き去りにされ、別れの言葉があろうか。

美濃部大尉は軍法会議に掛けられ厳罰を受けることを覚悟で辞表を出し、基地を後にしたのでした。

美濃部大尉の息の掛かった戦闘第三一六飛行隊は、突然、飛行隊長を変えられた状態でマリアナへ出撃しました。隊員にしてみても、あまりに不条理なことでした。しかも、これまで血の滲むような訓練をして夜襲部隊としての技術を身につけたというのに、他の戦闘機同様、昼日中の対空戦に運用されたのです。

その結果、鳥本大尉が指揮する二十三機がマリアナで全滅。残る隊員も硫黄島で全滅。夜襲戦闘機隊・第三一六飛行隊は幻と消えたのです。

編成したばかりの三月、続々と集まってきた隊員たちの笑顔が思い浮かびます。久しぶりの笑顔でした。それがわずか三ヶ月後、はかなくも失われたのです。

あの真摯な部下たちが、散華してしまうとは！　そして隊長だった自分はこうして生き残っている……。

鎌倉駅を出て美濃部家を目指す。

五月もあと一週間ほどで終わります。新緑が日ごと濃くなり、もはや深緑へと変わろうとしていました。神社仏閣に守られた古い町は都心に比べれば戦争の影はいくらか薄いようです。それでもどこか殺伐としており、逼迫した暮らしを余儀なくされていることが察せられるのでした。

門をくぐり、玄関先に立つ。

「ただいま」

思ったよりも明るい声が出たことに、美濃部大尉は我ながらほっとするのでした。

奥からびっくりした顔で篤子が出てきます。

「おかえりなさいませ」

相変わらずのあどけなさ、驚いている割には動作はおっとりとして、思わず苦笑を誘います。

「え？　お義兄さま？　お帰りになったの？」

義母や義妹たちも聞きつけて、次々と現れます。

なんと、ここは桃源郷か。

肩から力が抜けていく。それどころか、全身から力が抜けていく。ソロモン以来の疲れが一気に出たのか、奇妙な熱感と悪寒が交錯します。

ああ、しまった、またマラリアだ……と思った時には、ぐったりと寝込んでいたのでした。

襖の向こうで義母の声がします。美濃部大尉はうめくような返事をしてから身を起こしました。

「正さん、お客さまですよ。お通しいたしますからね」

鎌倉に帰って二日後、やや熱も下がりつつあるところへ、第三〇二航空隊司令の小園安名《こぞのやすな》中佐がやってきたのです。

勘の鋭い義母でした。海軍を辞めることなど、ひと言も話してはいないのに、何かを察しているようです。

海軍航空隊の中にあって、小園司令も変わり者と見られていました。誰に対してもはっきり意見を言うところ、あくまで実践的なところ、さらには夜戦の効力を心得ているところなど、美濃部大尉と共通するところがあります。夜間戦闘機の「月光」に斜め銃を装備させるなど、独自の工夫も行っていました。もっとも、小園指令の夜間攻撃は、敵の航空機を目標としたものです。敵空母や基地を目標にするという美濃部大尉の夜襲作戦には、なるほどという膝を打つ思いでいたようです。

美濃部大尉は忌憚なく事情を話しました。いちいち頷きながら聞く小園司令の姿には、私心のなさがあらわれています。

「しかし美濃部君、異動命令が出た以上、取り消しはできない。私の所でやりなおしてくれないか。夜戦隊育成は君に任せる。零戦の空母夜襲部隊についても長官の了解を私が必ず取ってくる」

この人の言葉には嘘がない。

美濃部大尉は直感しました。変わり者・はぐれ者扱いされる小園司令にこそ、誠実さを見いだしたのです。もはやこれ以上我を張ることは、軍人として恥ずべきことだと思われました。この人こそ共に戦う上司だ。

「わかりました。海軍辞任は翻意とします」

美濃部大尉は、もう一度、一から夜襲部隊をつくりあげる腹を決めたのです。

しかし、小園司令のもとで復活・育成に励んだのもつかの間のことでした。またも異動・転勤命令が下ったのです。フィリピンはミンダナオ島ダバオ基地での、戦闘九〇一飛行隊隊長が次なる任務でした。

小園司令が鎌倉の家を訪れた日からわずか二ヶ月後の七月末には、美濃部大尉はダバオ第二基地に着任したのです。

7 ダバオパニック

精魂込めて育て上げた戦闘第三一六飛行隊を失い、失意の底にあったものの小園司令の人柄に心動かされ再度みずからを叱咤激励。また一から夜襲部隊をつくりあげようと取りかかった矢先の転勤命令は、あまりにも急すぎました。

しかしそれだけ戦況は危急していたのです。

フィリピンは日本と東南アジアの資源地帯を結ぶ絶対国防圏にあり、ここを死守しなければ日本本土に危機が及ぶことになります。そのため日本陸海軍は懸命の攻防を続けていました。

昭和十九年五月三日に行われた作戦（あ号作戦）では、連合艦隊の兵力を結集し、艦隊決戦を挑みました。これによってなんとか勝機をと願ったのです。しかし、かえって主力であった大型空母二隻に加え、中型空母一隻、相当数の艦船を失い、基地部隊における戦力の大部分も失われました。

あまりにも大きすぎる打撃でした。これを受けて東條英機陸軍大将（当時、首相および陸軍大臣兼参謀部総長）と海軍大臣兼軍令部総長の嶋田繁太郎海軍大将がともに辞職。新たな体制のもとで、七月末からは次なる作戦が展開されようとしていました。

美濃部大尉が戦闘九〇一飛行隊隊長に就任し、急ぎ任地のフィリピンはダバオへ飛べという命令が下されたのは、そんな折だったのです。

真珠湾、インド洋、アリューシャン、ソロモンに続いての出陣です。その都度これが最後と覚悟のうえで篤子に別れを告げてきました。しかし今度ばかりは、という、これまで以上の緊迫感がありました。

篤子はよほど不安だったのでしょう。飛行艇便の出る横浜航空隊基地まで送るといって仕度をしています。しかし美濃部大尉は静かに制しました。

「送るに及ばぬ、お腹の子を大事に育てよ。今度こそ僥倖にも生きて再会出来ると思うな、我が命が貴女の中に宿すと知り思い残す事も無い」

篤子の中に、芽生えたばかりの小さな命があったのです。

たとえ死しても子の中で私は生きる。どうか無事に産み育てて欲しい。

それは切実なる願いでした。戦う意義であり未来への希望でした。

七月下旬、美濃部大尉はフィリピンはマニラに降り立ちました。

小園司令のもとで育てた第三〇二航空隊の夜襲専門部隊がまたも心ない人事で取り上げられた以上、何としても実際の戦闘で実効果を示してやると決意していました。

ダバオを死地として、やれるだけのことをやってやる。

美濃部大尉の表情には鬼気迫るものがありました。

ところが、いざ行ってみると上層士官たちは戦闘服も身につけず純白の第二種軍装で身を包んでおり、どういうわけか危機感のかけらもありません。むしろ、緊迫した様子の美濃部大尉を「いったい何をムキになっているのだ？」といわんばかりです。

任地の第二ダバオ基地も同様でした。奇妙に弛緩した雰囲気が漂い、否応なしに末期的症状を感じさせます。

そんななか唯一救いだったのは司令官・有馬正文少将の存在でした。

有馬少将は昭和十四〜十五年にかけて南洋諸島の調査や対米迎撃戦の研究をしていた折に、研究会でたびたび顔を合わせた顔見知りです。責任感が極めて強い誠忠至純の薩摩軍人で、かねてより尊敬の念を抱いていました。有馬少将の令嬢が同郷の級友に嫁していたこともあり親近感もあります。

有馬少将は他の司令や幕僚たちがのきなみ贅沢な食事をとる中、ひとり急造の簡素な建物にいて粗食に甘んじていました。

大東亜戦争において日本軍は「食料は現地調達」を基本としていました。補給があるとはいえ多くの兵士を養うにはとうてい足りず、勝手わからぬ進軍先で何とかせねばならなかったのです。孤立した軍隊が飢えと渇き、さらにはマラリアなどの病に苦しみながら息を引き取っていったことはよく知られる事実です。

前線で戦う兵士たちが常に空腹に耐えねばならない状況であるにもかかわらず、司令官クラスが「より以上」の食事をとっていたことに美濃部大尉は強い不快感を抱いていました。それだけに有馬司令の姿を前に、やはりこの御方は、と、尊敬の念を深めるのです。

有馬少将もまだ着任して間もない時期で、フィリピンの戦備があまりにも不十分なことを嘆いていました。それだけに美濃部大尉の訪問を喜び、破顔したのです。

「君のような歴戦の士を迎えるとは実に心強いことだ。気づいたことがあれば何でもどしどし申し出るように」


ほどなくダバオに初の夜間空襲がありました。昭和十九年八月六日のことです。それ以降、米軍の大型爆撃機B－24は頻繁に来襲、空に対する防衛能力が極めて低い日本軍は苦しめられる一方となりました。

特に九月一日、二日、四日の三日間には、米軍のB－24と双発戦闘機P－38による大空襲がありました。さらに九日、米艦載機の攻撃を受けたのです。艦載機による攻撃は開戦以来初めてのことで、戦力に対する打撃もさることながら、日本軍に精神的なショックを与えるに十分でした。

空母機による攻撃があれば上陸作戦が行われます。ついに米軍上陸かと、かなりの緊張状態の中で陸海軍共に警戒態勢をとっていました。

この戦々恐々とした中でダバオ事件が起きたのです。

事件当日の九月十一日、美濃部大尉は見晴らしの良い飛行場北西にある飛行場にいました。

ダバオ湾が一望のもとです。空は明るく晴れあがり、海は輝いていました。

午後二時、幕僚から電話命令が下りました。

「第一航空艦艇命令。水陸両用戦車多数、第二ダバオ基地正面に接近中、各隊重要書類を焼却、直ちに陸戦配備に着け」

何のことだ？

美濃部大尉は受話器片手に目の前に広がるダバオ湾を眺めやりました。水陸両用戦車など、どこにも見当たりません。やや強い風があり、白波が見えるばかりです。

「第二ダバオ基地は今私がいるところですが、敵は見えませんよ」

しかし通じません。

「ごたごた言わず命令通りせよ。司令部はこれからミンタルに移動する」、ガチャリ。

こんな不可解が命令などあるものか。

急ぎ本部に帰ってみると、もはや隊は大混乱をきたしています。敵の襲来を恐れ書類らしきものを燃やしつつ、数少ない小銃で我先にと武装し、上を下への大騒ぎです。

「おい、待て、落ち着け。暗号書、航空図などを焼いてはならぬ。一ヶ所にまとめおき私の指示を待て。焼いては明日からの飛行任務ができなくなる。敵は一兵も上陸していない。わかるか、敵は、上陸していないんだぞ」

「しかし、陸戦配備の命令、あれは何ですか？」

「わからぬ。しかし私は今まさにダバオ湾を眼下にしていたんだ。何もなかったぞ。とにかく司令部に行ってくる」

自ら指揮する戦闘九〇一航空隊の隊員になんとか言って聞かせ、ついで司令部に向かいます。

やはり書類をかき集め、焼却処分しようと躍起です。

「司令、第二ダバオに敵上陸とありますが、湾内には船一隻見えません。今、書類を焼いてしまっては明日から困ります」

しかし聞く耳持たず。「命令通りするしかない」の一辺倒です。

いったい、いもしない敵とどうやって戦うのか。

あまりのもどかしさに第一航空艦隊司令部に直接訴えるべく車を走らせました。

ダバオ市街もパニック状態、荷物を背負った避難民に陸海軍人とが混ざり合い、無秩序に西を目指して敗走しています。これに逆行して東へ車を走らせるうち、第一航空艦隊司令部の一行と出くわしました。慌てて道を遮り将官マークの車を止めます。

「長官、第二ダバオに水陸両用戦車接近中と言われますが、湾内には船一隻見えません」

これに対し猪口力平参謀は「島の影になっているのだろう」との返答。美濃部大尉はなお言葉を重ねました。

「本格的上陸なら大艦隊が海を圧し、艦砲射撃もあるはずです。敵状不明なら、なぜ飛行偵察しないのですか？　第二基地は発着不能ですが、第一基地はどうですか」

「戦闘機が二機あるがパイロットがいない」

「では私に零戦を貸してください。緩旋回中は敵を見ず、バンクして突入すれば此処に敵大群あり。これを合図としましょう。とにかく退却せずに第二基地で様子を見てください」

ここまで説得してもだめでした。司令部一行は時を惜しむように西へ走り去ったのです。

ダバオ河大橋は今にも陸軍兵により爆破されようとしていました。追っ手を遮るためです。

若い中尉の指揮官が出てきて、師団命令により避難民が通過次第爆破予定だと教えてくれたのです。

美濃部大尉は零戦で偵察することを伝え、緩旋回の合図なら橋の爆撃を中止するよう、なんとか約束を取り付けました。このままでは交通の動脈を切断されてしまいます。

第一基地に向かう途中、根拠地司令部に立ち寄りました。

「電話を貸してください！」

混乱のあまり味方撃ちするような事態にならぬように連絡しようとしたのです。番をしていた老兵は不安な顔でこぼしました。

「電話はすべて不通です。司令部は午前中に退却しました。私は警備のために、ここにたった一人で残されてしまったのです」

水際撃滅を豪語しながら、老兵を残して逃げ去るとは……。

「大丈夫だ、安心しろ、敵は上陸していないよ。私がちゃんと見てくる」

美濃部大尉は老兵を励ますと、急ぎ車を発進させ第一基地へと向かいました。その途中、敵戦闘機が飛来して襲われるも、側溝に逃げ込みからくも回避。第一基地から零戦に乗り離陸したのは午後四時三十分ごろのことでした。

ダバオ湾へと飛んで、念のため確認をします。その上で緩旋回を繰り返し、「敵影無し」を伝えました。

ついで南サランガニ飛行場へ飛んで偵察。兵舎が爆撃で焼かれているものの、やはり敵上陸の気配はまったくありません。

日本軍は、ありもしない敵上陸に大パニックを起こしたのです。

この日の混乱が、いわゆる「ダバオ事件」です。誤報が誤報を呼び、ついには大混乱となりました。

ダバオ事件は源平合戦における富士川の戦にたとえられています。水鳥の音を源氏の兵士が攻めてきたものと勘違いした平氏が敗走した、という逸話です。

この不祥事は陸海軍ともに公的記録から除外されました。

冷静であれば後退する前に海上を確認すべきであった。

幸か不幸か私は山腹の指揮所にいて空襲の模様、ダバオ湾の見える所にいた。如何に命令とはいえ見えない敵と戦いようが無い。しかし海を見ていたのは私のみ。誰も信用しない。上官

の命令は、直ちに朕が命令と心得よ。これが皇軍軍律の鉄則であった。

陸海三中将の命令で、敵上陸玉砕戦を予想、しかも各司令部が後退すればパニック状態は当然。私は海が見えたばかりに敵前抗命罪を侵した事になる。

極度の緊張と恐怖がもたらした、陸海軍の潰走劇でした。それも司令クラスが率先して逃げるという、まことに残念極まりない事件です。

しかし、ひとり有馬司令はこの事件に対する責任を我が身に重く受け止めていました。それがどのような結果をもたらすのか、美濃部大尉には想像も及ばないことでした。

第三章　夜襲と神風

1　有馬司令の死

ダバオ事件の混乱がようやく収まろうかという九月二十一日のことでした。

その日の朝、ニコルス飛行場の指揮所には司令官の有馬少将と大佐および中佐が数名、そして、日本からやってきたばかりの増援部隊の司令が話し合いをしていました。

「今やフィリピン戦は極めて困難な状態にある。増援部隊の到着はありがたい限りだ。これをいかに運用していくか……」

その時、外から声が聞こえてきました。

「友軍機だ！」

飛行場から歓声があがっています。

美濃部大尉は窓辺に歩み寄り空を眺めました。妙な感じです。

友軍機どころか、敵機ではないか？

それはソロモンで何度も目にした敵の編隊隊形だったのです。

やがて早朝訓練中のために飛んでいた味方戦闘機が、敵が来たことを伝えるため警報射撃をしてきました。

やはりそうだ。

しかし地上では、まだ多くの隊員が味方増援機とばかり思い込んで見上げています。

「警報だ！　空襲警報を鳴らせ！」

美濃部大尉はただちに警報の鐘を乱打させました。しかしなぜか反応が鈍いのです。ダバオパニックの後で、どうせまた間違いだろう、などと高をくくっていたのかも知れません。

やむを得ず伝令を走らせました。

広大な飛行場を伝令が走ります。美濃部大尉も指揮所を出て大声で叫びました。

「おい、あれは友軍機ではない、敵だぞ！」

ようやく皆が異変に気づいた時には、十数機もの艦上戦闘機Ｆ６Ｆが飛来していました。

「ヘルキャット」の異名を冠した超高速の米海軍主力艦上戦闘機で、上空から瞬く間に近づいたとみるや、猛烈な射撃を浴びせかけてきます。

急ぎ身を伏し辛くも弾を避けた美濃部大尉は、防空壕を目指そうとしました。が、立ちあがることができません。仕方なく這いながら指揮所まで移動し、建物の陰に隠れました。

一秒間に十発の発射をする砲が一機につき六門。つまり一機の戦闘機から一秒に六〇〇発の弾が発されるのです。それが十数機も飛来し、急速に高度を下げたとみるや猛烈に撃ちながら駆け抜けていく。至近弾のすさまじさに、さすがの美濃部大尉も腰が抜けてしまったのでした。

どうにか難を逃れて指揮所に戻ると、有馬司令官が厳しい目で基地の被害を凝視していました。

後で、司令官は指揮所に居続けられ副官は負傷し下がったと聞いた、神の如き姿であった。先にセブで七十機。今日マニラで三十余機。司令官が指揮を第一航空艦隊から任された時に限って敵機動部隊の奇襲。レーダーも対空見張り組織も無いフィリピン島では司令官の所為では無いのに自らを責めておられた。

そんな姿を目にすると、やられてばかりいることが無性に腹立たしくなるのでした。

「司令官、このまま引き下がれません。所在部隊をかき集めて薄暮攻撃をかけましょう」

そう提案して集合をかけたところ、各隊主要幹部が居ないことが判明。皆、マニラの街中に避難していたのです。米軍の爆撃がない市内は安全だから、というのが理由でした。

やむなく伝令を派遣して隊員の復帰を促しました。なんとか零戦十五機、月光三機で出撃したのは午後四時半。一隻の空母を損傷させたのが唯一の反撃となったのです。

この日の空襲で第一航空艦隊は零戦など航空機の大半を失い、もはや再建の道はなきに等しくなりました。任務をなんとか果たそうとしていた有馬司令の心中には、ただただ自分を責める思いしかありませんでした。

その翌々日、九月二十三日のことです。美濃部大尉は有馬司令から思いがけない申し出を受けました。

「美濃部君、君の主張する夜戦隊の夜襲作戦は極めて良い。しかし、惜しむらくは兵力が少なすぎる。私が一緒に行くから、第一航空艦隊参謀長から中央に意見してもらおう」

有馬司令は参謀長を根気よく説明し、切々と夜襲作戦の必要性を訴えました。その結果、取り急ぎ十名の水上機パイロットに対し、クラーク基地に移動して零戦への転換訓練を行うこととなったのです。

有馬司令のはたらきにより、夜襲攻撃部隊に復活の兆しが見えてきました。

実にありがたいことでした。自ら説得に赴いたということは、有馬司令も夜襲部隊にこそ活路があると期待していたのでしょう。

しかし、その有馬司令自身は、美濃部大尉による夜襲部隊の活躍を見ることはありませんでした。

十月十五日、第七六一航空隊に出撃命令が下されました。

その際、有馬司令は自ら立って無理矢理同乗しました。思いとどまるよう懇願する周囲の声を一蹴し、幕僚達には基地建設の見回りをするよう下命、副官にはカバンを持ってくるように指示し、一人の随員幕僚も伴うことなく、一式陸上攻撃機に搭乗したのです。

有馬司令を乗せた飛行機は、敵空母を目指して飛んでいきました。そして、米空母を発見するや速度をぎりぎり一杯まで上げて突進し、体当たりしたのです。

それは壮烈な最期でした。

美濃部大尉は信じられない思いで報告を聞きました。「有馬司令が飛んで行かれました」という言葉が何を意味しているのか、頭が真っ白になり理解できないのです。

後世、太平洋戦争に関して、日本軍特に職業軍人を軍閥と見なして批判、二〇〇〇年の歴史を汚したと批難する者あらば、有馬司令官を偲んで貰いたい。私心を捨て、国を愛し、力限り国の為にと努力、祖国の楯となった神の如き将軍を、どの様に見るか。

後に美濃部大尉は、芙蓉部隊の誕生には有馬司令の尽力が欠かせなかったと、ことあるごとに語っています。まさしく恩人なのでした。

有馬司令が体当たり攻撃を実行した十月十五日、美濃部大尉は少佐に進級しました。有馬司令の死は、進級の報告をしようとした矢先のことだったのです。

2　神風立つ

昭和十九年十月半ば以降、フィリピンに於ける第一航空艦隊の戦力は零戦約三十機、艦上爆撃機・艦上攻撃機・陸上攻撃機を合わせて約百五十機という、あまりにも貧弱といわねばならない状態でした。

戦力のほとんどを失ったなか、寺岡謹平中将に代わって大西瀧治郎中将が司令長官に就任。それは特別攻撃隊、いわゆる「特攻」が、「作戦」として行われることをも意味していたのです。

大西中将はかねてから何人かの士官から特別攻撃の実行について意見を寄せられており、どの段階で実際に行うか機会を見極めていたとされます。

マニラに到着した大西中将は参謀および飛行隊長を集め、フィリピンの戦況を鑑みたうえで、もはや二五〇キロ爆弾を抱かせた零戦を米空母に体当たりさせ、その機能を一時的にでも奪う以外に水上艦隊に協力できる効果的な方法はないと語りました。戦況が追い詰められていたからか、特に反対する者はなく、むしろどちらかといえば自然に理解されたといいます。

しかし、このような前代未聞の作戦を、誰に実行させるのか。

慎重な人選が行われ、その任を託された玉井浅一中佐はかつての部下から信頼のおける若い戦闘機隊員二十三名を選出しました。

大西長官の意向を伝えつつ、自分自身の思うところも述べたところ、全員一致で必死の戦法への参加が申し出されました。

突撃の隊員が決定したところで、今度は指揮官を選ぶ必要があります。玉井中佐は関行男大尉を選び出しました。玉井中佐にとって最も信頼のおける部下の一人でした。

関大尉は、まだ結婚したばかりの二十三歳。玉井中佐から申し出を受けた際、しばらく頭をかかえて沈思黙考していたといわれています。

「任務の特殊性はもとより、結婚したばかりの妻のことにも思いをめぐらしていたことであろう。が、再び頭を上げた時には、堅い決意のほどが彼の面に現れていた。そして、彼は、はっきりと、

『是非、私にやらせて下さい』

と確答したといわれている。

そして、その瞬間に、体当たり攻撃を目的とする人類史上初の飛行機隊が、事実上、誕生したのであった。昭和十九年十月二十日のことであった」(『海軍特別攻撃隊』奥宮正武　朝日ソノラマ)

関大尉について、文献によっては「すぐに決意した」と受け取れる表現がされているものもあります。しかし、恐らく即答はできなかったでしょう。死を覚悟で戦っていたとしても、前代未聞の攻撃をするにあたって、しばし思いを巡らせずにはいられなかったはずです。

選ばれし二十三人の隊員たちは、どんな思いを抱いていたのでしょうか。

突撃する日の隊員達の様子を、当時、第一航空艦隊副官だった門司親徳は次のように伝えて

います。

「若い搭乗員は、長官が話しかけると、はにかんだり、テレたりしていた。ウブで、しかも気負いのない、謙虚さがあった。私は少し色眼鏡で見ていたのかも知れない。この少年たちは、もうすぐかならず死ぬのだ。どんな気持でいるのだろうか。心中に葛藤はないのだろうか――。しかし、このとき、バンバン川の河原で私が見た彼らは、ほんとうに深刻ではなかった。何の夾雑物も感じられなかった」（『空と海の涯で』門司親徳　光人社）

皆、若い隊員ばかりです。彼らにとって大西中将は「雲の上の人」でした。その人から直接声を掛けられるというのは、大いに光栄なことでした。

「君たちを頼りにしている」

このような言葉は、ただ単純な喜びとして受け止められたはずです。

こうして「神風特別攻撃隊」という名称のもと、十月二十五日に十死零生の体当たり攻撃が敢行されたのです。

美濃部少佐はマニラにいて関行男大尉以下十六機の零戦が体当たり攻撃に出撃したのを知りました。関大尉は海軍兵学校の後輩にあたるばかりか、その妻の実家も同じ鎌倉でした。意志の強さを感じさせる、くっきりとした目鼻立ちの好男子です。
細君の年齢は、篤子とそうかわらなかったはずだ。
残された新妻のことを思うと、美濃部少佐の胸は痛むのでした。特別攻撃が行われたことに対する美濃部少佐の心中は複雑です。

いやな重苦しい思いが実感であった。新司令長官は何を考えて居るのであろうか？　兵学校では、決死隊は極めて危険な任務であるが、指揮官たる者は確率は少なくても必ず生還の手段を構ずべきである、と教えられて居る。

生還無き死突体当たりは、本人の意思で行うことがあっても、他から命令する冷酷、非情な軍隊指揮は天皇の軍隊にあり得るのか？　我が隊に同様の命令があれば何とする。敵前命令に反すれば抗命罪。この度は先のダバオ事件とは事情が異なる。しかし私の部下は、体当たり待てと言っても、機を見て自ら敵に食いつく。他動的に、死刑に等しい宣告は人格の否定。私には出来そうにない。残念ながら腹は決まらない。

部下は本人の意志で特攻を辞さないだろう。しかし、そうであることを確信できていたとしても、他者から実行を求めるべきでは無いと美濃部少佐はしているのです。それは「人格の否定」となるのだと。

この時点では自分の隊に特攻の命が下った時にはいかにすべきか、美濃部少佐は迷っていたのです。

3 夜襲に成算あり

特攻作戦が行われた二十五日は、レイテ沖海戦における攻防が前日に続き熾烈を極めていました。

第一遊撃部隊の支隊が戦艦「山城」および「扶桑」、重巡洋艦「最上」を失い指揮官が戦死。第二遊撃部隊は旗艦「阿武隈」が沈没、第一遊撃部隊本隊は戦艦「武蔵」を失うなどの大損害を蒙りました。大型巡洋艦「鳥海」、「筑摩」、「鈴谷」、「能代」など多くの艦艇および航空機の大半も失われています。

神風特別攻撃隊は、このような状況の中で出撃したのです。

特攻は米軍を驚愕させ、そして、戦果を挙げました。

しかしレイテ沖海戦そのものは大敗北であり、作戦（捷一号作戦）は失敗といわざるを得ません。これ受けて二十六日、第一艦隊および第二艦隊はマニラでレイテ反撃作戦会議が行われました。

部屋は異様なまでの沈鬱な雰囲気に包まれていました。集まったのは第一航空艦隊および第二航空艦隊の飛行隊長以上。

第二航空艦隊司令長官・福留繁中将と、第一航空艦隊司令長官・大西瀧治郎中将が上座に着くと、ほどなく大西司令長官より訓示がありました。

「本日をもって、第一航空艦隊ならびに第二航空艦隊を統一作戦指揮下に編成し、第一連合航空艦隊とする。司令長官は福留中将、参謀長は私である」

戦力が乏しくなったために、ふたつの航空艦隊を統一したのです。続いて大西中将は「陸海軍はレイテ島進攻の米軍に対し、陸軍玉兵団二五〇〇人を島の西岸タロキナに逆上陸させ、敵を撃滅させる」と訓示。さらにそのうえで「夜間魚雷艇の襲撃に対する具体策は無いか」との質問を下しました。

米軍の高速魚雷艇にはソロモン戦でも手痛い被害を受けていたというのに、対策が行われていなかったのです。しかし、この期に及んでも具体策を答える者がありません。

数分間の沈黙が流れました。

「誰も意見は無いのか！」

大西長官は目をぎょろりとさせつつ一喝。明らかにいらだった様子です。

「私がやります」

多くの先輩が居並ぶ中、少壮士官として発言を控えていた美濃部少佐が手を挙げました。大西長官が鋭い一瞥を投げてきます。

あのぎょろ目は苦手だ。

美濃部少佐は思うのでした。しかし、怯んでいる場合ではありません。

「どのようにしてやるのか？」

「敵の懐であるセブ島に進出し、昼間は飛行機をジャングルに隠しておきます。オルモック湾までは六十キロ、夜間に発進します。魚雷艇はガソリン燃料ですから、零戦の二十ミリ銃撃で爆発・炎上させることができます。只今、私の指揮する戦闘一五三航空隊の夜襲零戦は私を含め四機しかいませんが、これで夜間は抑えて見せます」

ぐっと睨みつけるような目で聴いていた大西長官は、わずかに頷きました。

「魚雷艇は戦闘一五三航空隊に任せる。戦闘六四三航空隊の江草君の水上爆撃隊もこれに協力するように」

実戦で夜襲攻撃の有効性を証明するチャンスが到来したのです。しかし、続く大西長官の言葉には、嫌な後味が残りました。

「他の部隊は全力特攻とする。これに異議を唱える者は極刑に処す」

極刑に処すという言葉を前に、誰も異議を唱えられようはずもありません。

美濃部少佐は隣に座っている福留長官が、会議が始まって以来ひと言も言葉を発していないことに気づきました。

福留長官は、最初に大西長官から特別攻撃の強い要請を受けた時には反対の立場をとっていました。しかし、フィリピンでの航空部隊の貧弱さを目の当たりにすると、強く反対できなくなり、しかも最初の特別攻撃で戦果が挙がったため、同意せざるを得なかったのではないかといわれています。

二十五日・二十六日に出撃した特攻隊の飛行機は合計二十三機、戦果は護衛空母二隻を撃沈させ、四隻を撃破。与えた損害と失った飛行機の比率で考えれば、これまでの比較にならないほどの戦果となります。大西中将の特攻作戦は確かに「成功」と受け止めることができ、また、若い特攻隊員たちも報われたといっていいのです。

こうして全面的特攻作戦は、大西長官の威圧的な一喝によって決定されたのでした。そして、時を経るほどに「特別」な「攻撃」ではなくなっていったのです。

割り切れない思いを抱えたまま、美濃部少佐は夜襲攻撃へと出陣していきました。

十月三十日と三十一日、二日間にわたり敵の様子を探索、二日目には軽く攻撃を仕掛けて様子を見ました。しかし、深入りするのは避けます。

十分に敵状を把握した上で、十一月一〜七日の一週間、立て続けに出撃。魚雷艇を六隻撃沈させました。以降、魚雷艇による被害はなくなったのです。

敵も零戦夜襲には打つ手が無いらしい。魚雷艇の弱点は夜間高速走航中の波が夜光虫の発す

る光りで白条となり、上からたやすく発見出来る。ガソリンエンジンのため、二〇ミリ弾で簡単に爆発する。

夜襲攻撃による実戦での戦果をようやく挙げることとなりました。これで零戦へ移行して夜間訓練を行うことをさらに強化してもらえるかもしれない。美濃部少佐は手応えを感じていました。

基地に戻る頃には夜はすっかり明けています。飛行場を歩いていると声がしました。

「隊長！」

見ると教え子です。息せき切って駆け寄ってきました。

「隊長、今から銃撃特攻に出ます。いろいろありがとうございました。美濃部隊長のことは忘れません。小松島、楽しい日々でした」

「おいちょっと待て。昼間に銃撃特攻などできるものか、猛烈なレーダー射撃が待っているぞ。せめて明朝まで待て、未明に我々が誘導する」

最初は戦果を挙げたものの、敵はすぐさま対策に出て、もはや弾雨の中をいかねばならない状況になっていたのです。

「隊長。命令ですから」

すっきりとした笑顔です。

「己に恥じない飛行士となれと隊長は教えてくださいましたね。正々堂々、出撃します」

虚を突かれた思いでした。

確かに男子の本懐を忘れるなと教えた。己に恥じるような生き方をするなと教えた。しかし……、しかしそれは……。

教え子は最後の敬礼をすると、きびすを返し走り去っていきました。

遠ざかる背中に、美濃部少佐は言葉を失ったままです。

「しかし、そうではないのだ」

そう独りごちてみたところで、何が「そうではない」のか、自分でも言葉にはできないのです。

大西長官の「他の部隊は全力特攻」という言葉が蘇りました。

この調子で経験の少ない若い隊員を次々と行かせるつもりなのだろうか。

教え子たちの顔が浮かんできました。座学から実戦まで、航空機についての基本を懸命に教えた。皆、真剣に学んでくれた。しかし体当たり攻撃をさせるために教えたわけではない。

大西長官は何を考えているのだろう？

理解しようにもできないのでした。

4　大西長官との激論

三日後。

またも大西長官から司令部に来るようにと直接の呼び出しがありました。

なんだろう？　魚雷艇の撃破に成功したばかり、また夜襲攻撃だろうか？

その予測はなかば当たっていました。

敵の大型飛行艇の攻撃が著しく、東シナ海の輸送路が危険な状況にある。これを防ぐために夜間戦闘機「月光」で敵飛行艇基地を銃撃して欲しいというのです。

基地の攻撃となると、魚雷艇を撃破させるのとはわけがちがいます。美濃部少佐は、秒速一二十メートル、一門の斜め銃から一秒間に六発の弾を発する「月光」では効果があがらないと具体的に説明しました。

「では、特攻ではどうか」

ついに来たのです。答えを出さねばならない時でした。部下の姿が目に浮かびます。彼らを突撃させるのか、それとも……。

それで戦局にどれほど寄与するか。私にはこんな命令は持って帰れない。さりとて断る事も

出来ない。

この辺が最後の暴れ所。長官も怖くない。言うべきは言おう。

気息を整えると口火を切りました。

「長官。飛行艇をやっつければよいのですね？　私に命じてください。部下の使い方は指揮官たる私の責務です。零戦四機で二十機、いや三十機は全滅させてみせます」

夜襲攻撃で確実な戦果を挙げた美濃部少佐には自信がありました。それは大西長官も認めるところです。

それでもなお、大西長官は特攻にこだわりました。引き下がれば部下を特攻出撃させなければならなくなります。

「長官は特攻を最良のごとく申されますが、目標に達する前に銃撃される飛行機も少なくありません。ただ飛んでいくだけでは弾幕は突破できないのです。敵はレーダー連動の機銃群をもって待ち受けています。関大尉の時は意表を突いたために成功したかもしれませんが、今は敵も対策を講じて常時守備しています。実情を確認していただきたい。若いパイロットの初陣では突入前に落とされることも大いにあるのです」

飛行時間が二〇〇〜三〇〇時間未満の操縦者にとって高速度で対空射撃を自由に回避し、さらに敵空母の熾烈な砲火を逃れ、その上で的確に目標に命中することが、いかに難しいか。

しかも高度から急降下する際には速度が急速に増して操縦の自由がきかなくなる。敵機の妨害もさることながら、天候の変化にも対応しなければならない。経験の少ないパイロットにとっては敵艦に体当たりするのは至難の業である。

美濃部少佐は理解して貰いたい一心でした。必死すなわち必中とは限らないのです。口を一文字にして聴いていた大西長官は、しばし沈黙を守り、やがて静かに答えました。

「特攻はむごい。しかし他に方法があるか。部隊幹部にも策は無い。私は親任を賜り、この地を護る立場である。……これは、私の信念だ。今や部隊幹部も頼りにならぬ。若い者に頼るほかにない。……特攻は、続ける」

苦悩に満ちた表情でした。誰もが恐れをなし、美濃部少佐も苦手だと感じていた威圧的な大西長官の姿は、そこにはありませんでした。

そして、

「飛行艇攻撃は止めよう。レイテの方は、君に任せる」

美濃部少佐の部隊は、とりあえずのところは特攻を却下されたのです。

その夜、美濃部少佐は大西長官とほぼ一晩にわたり語り合いました。

人の上に立つ者にしかわからない寂寞とした孤独感を大西長官も抱えていたのかも知れません。美濃部少佐も飛行隊長として部下を預かる立場です。むごいと承知の特攻を下命する、その現況は痛々しくはありました。

しかし、と、美濃部少佐は考えるのです。

突撃する前に打ち落とされるような特攻作戦は、あまりにも非情だ。なんとかして前線の状況を理解してもらえないか。そうすれば同じ特攻をするにしたって、もっと有効な手段をとろうと考えるはず。

とにかく最前線の敵状を肌で感じてもらうしかない。

美濃部少佐は折り入って申し出て、猪口力平先任参謀に「月光」に同乗してもらい、それを誘導し未明にセブ島へと帰着しました。米軍は相変わらず一〇〇キロ圏内を手堅く警戒しています。初陣パイロットが突入するには困難な状況でした。

ところが、猪口参謀は空襲下の飛行場に留まろうとせず、いつの間にか離れた場所にある司令部に姿を消してしまったのです。しかも、美濃部少佐が未明作戦を指揮している間に、無断で帰っていました。

さすがの美濃部少佐も、あまりのことに言葉を失いました。憤怒も極まると黙るほか無いのです。


至純な若者達が、攻撃命令に積極参加祖国防衛の楯となった事は尊い。しかしこれを画策命令した上級者が天皇の権威、命令の絶対服従の皇軍の中で天皇のご意志に沿うて居たであろうか。しかも若い者ばかり突入させ、幕僚も司令も飛行隊長も誰一人出撃していないのはどうし

たことか。

5　特攻拒否するも否定はせず

特攻作戦や特攻隊については、さまざまな意見があります。無謀な戦争による被害者であるとする見方もあるようです。

しかし特攻隊を悲劇とするのは、「悲劇とすることができる平和な時代に生きているため」ではないかと私は思っています。つまり、戦争という異常事態・極限状態を知らないがゆえに、できる見方ではないかということです。

単に悲劇とすることには違和感があります。美濃部少佐は「平時のヒューマニズムで語ることが出来るようなものではない」という意味のことを述べていますが、同じことを意味する言葉が特攻隊の遺書や日記、生存者の手記などにも散見されます。

愛する家族のため、祖国を守るために一命を捧げるという行為を「潔く散ることを美とする日本文化のせい」とするのは一元的な見方ではないかと思います。

一方で、特攻隊が時に美化されすぎてはいまいかと感じることもあります。これについても美濃部少佐は深い懸念を示しており、「特攻作戦をエモーショナルな部分で語ってはならない」としています。死は美化されがちです。しかし、死というものは、美化されるものではなく、また、忌まれるものでもありません。

特攻作戦や特攻隊に関しては、百冊、千冊の書物をもってしても、こうである、と、断定的に語ることは無理であると私は思っています。それはあくまで戦争あるいは戦場を知らない後世の人間による見方でしかないからです。

ただ、常に思うのは、前途ある若者たちが、「私たちのために」命を捧げてくださったということ、その事実を決して忘れてはならないということです。

私たちは「日本」という祖国を失ってはいません。「日本」という国に「日本人」として生まれ、こうして今日も生きています。これはほとんど奇跡といえることであり、その重要な一端を、特攻隊が担っているのはまごうことなき真実です。

当時、海軍参謀だった奥宮正武は以下のような見解を述べています。


「もし、昭和二十年の早い時期に、連合国軍が日本本土に上陸していたら、太平洋戦争中では最も悲惨な大激戦が行われていたことであろう。この観点からすれば、神風特別攻撃隊は、自ら払った比較的に少ない犠牲で、本土決戦のさいに失われたであろう日本と連合国軍のぼう大な数の人命を、未然に救ったことになる」(『海軍特別攻撃隊』　朝日ソノラマ)

私たちがこうして生きているのは先祖が命を繋いでくれたためです。その先祖の命は、もしかしたら誰かが守ってくれたものかもしれません。本土決戦で大激戦となっていたら、私の両親は生き残ることができたかどうか。こう考えていくと、「私たちのために命を捧げてくれたのだ」ということがわかってくるのです。

戦争末期、特に沖縄戦では多くの特攻が打ち落とされたために、ほとんど意味を成さなかったのではないかとする意見もあります。しかし「命中」させることだけが戦果では無いことを、日本人よりもむしろ米兵が語っています。

前出の奥宮正武は、戦後、特攻隊に関する米国の文献を調査し、米軍が長いこと特攻によって米艦船が軽視できない損害を受けていることを軍事秘密として公表することを禁止していたことを知ったといいます。報道されなかったこと、公表を禁じていたことは、大岡昇平も『レイテ戦記』で触れています。

実際に、特攻に関する情報は、長らく秘匿されてきたのです。米軍のミニッツ将軍は、「特攻による戦果を決して日本軍に知られるようなことがあってはならない」と語っていたともいわれています。

このことは特攻が物質的な打撃を与えたばかりでなく、米軍将兵の心に深刻な恐怖心を抱かせたことを表しています。

昭和二十年八月三十日、神奈川県厚木の海軍航空隊飛行場に着陸したマッカーサー元帥を案内した奥宮正武は、厚木の飛行場は神風部隊が使用していたことを告げた際、マッカーサーの顔色が瞬時に蒼白になったと回想しています。

沖縄攻撃では米軍将兵が連日の特攻により精神的に追い詰められ、ヒステリー状態にあったことを沖縄戦従軍記者ハンソン・ボードウィンは伝えています。

特別攻撃という常軌を逸した作戦に対する恐怖は、米軍の進撃を鈍らせるに十分であったのです。


美濃部少佐は特攻を拒否した唯一の士官であることから、特攻「否定者」とされることがあります。しかし、拒否し異論を唱えはしても、特攻そのものを否定したわけではありません。まして特攻隊として命を捧げた若者たちについては「かくも尊い存在はない」としています。

大東亜戦争の末期、前線で戦況を肌身で実感・理解していた美濃部少佐は「特攻もやむを得ない」と考えていました。

ただし、特攻作戦のあり方そのものに対しては極めて厳しい見解を示しています。特に前線の戦況も知らずに突撃命令を下していることに対してです。

前線に案内しようとした猪口参謀が逃げ帰ってしまったように、司令部は「現場」をあまりにも考慮しなさすぎたきらいがあります。

これは特攻作戦に限られたことではないわけですが、現場を知らず机上に終始したため実践的な作戦が行われず、戦況は悪化し、ついには特攻作戦に行き着いたことは、はっきりと愚策として反省すべきとしています。

現場の状況を鑑みれば、「やみくもに突撃する特攻作戦」ではなく「確かな戦果を挙げられる特攻作戦」も編み出せるだろう、というのが美濃部少佐の考えです。

皆祖国を護るため家族を守るため一命を捧げているのです。捧げられた命を、いかに「生かす」のか。ここには最大限の努力と配慮をするのは当然なことです。


元海軍関係者も、己の属した海軍の栄光を傷付ける如き発言を避けている人もあろう。私は敢えて問題を提起し純心に祖国を救う為に戦った若き戦士の霊を忍びたい。

日本海軍の栄光は、司令長官、高級幕僚のものでは無い。

祖国を護らんとして勇敢に敵中弾雨をおかし突撃し、又は南海の海中深く孤独な作戦に死闘、或いは孤島守備に玉砕するまで戦った幾十万の将兵のものであり、海軍の栄光を立派に守り通して居る。


隊員達は、どんな思いで飛び立っていったのでしょう。

それを知る術はもはや遺書や日誌・日記などにたよるほかありませんが、そこにどれだけ心の内を綴ることができたのかは不明です。

とりわけ心に残る記録があります。神風特別攻撃隊第二七生隊　岡部平一海軍少尉が昭和二十年二月の日誌に綴ったものです。

「我等は喜んで国家の苦難の真只中に飛び込むであろう。我等は常に偉大な祖国、美しい故郷、強い日本女性、美しい友情のみの存在する日本を理想の中に堅持して鉄艦を粉砕する。

今日の努は何ぞ　戦うことなり

明日の努は何ぞ　勝つことなり

凡ての日の努は何ぞ　死ぬことなり

我等が黙って死んでいく様に、科学者も黙って科学戦線に死んでいただきたい。その時はじめて日本は戦争に勝ち得るであろう。もし万一日本が今直ちに戦争に勝ったら、それは民族にとって致命的な不幸といわねばならない。

生易しい試練では民族は弱められるばかりである。

潔よく散りて果てなむ春の日に　われは敷島の大和さくら子」（『海軍特別攻撃隊』より★）

岡部少尉はこの時二十二歳。「科学者が科学戦線に死ぬときこそ日本が勝ち得るとき」という言葉には深い意味を感じざるを得ません。

そして、「今すぐ日本が勝つのは致命的な不幸」としています。それでは日本のためにはならないのだと。

この手記からは、特攻兵が必ずしも日本が戦争に勝利することを信じて、それを支えに突撃していったのではないことがわかります。それよりもさらに遠大な「祖国の繁栄」を心に描きながら飛び立っていった。少なくとも岡部少尉はそうだったのです。

岡部少尉は昭和二十年四月上旬、沖縄方面の敵艦に突入しました。


遺書を目にして驚くのは筆跡の確かさです。

そこには一切の迷いはないように見受けられ、あるのは悲しいまでの清らかさです。同じことが遺影にも言えます。なぜこうも澄み渡るような表情なのか……笑顔の明るさは驚くばかりです。

恐れや迷い、生への執着。どれほどの苦悩を味わったかしれないのに、すべてを超えてしまったのでしょうか。いかにして超克したのか、それはもはや理解の範囲を超えているように思われます。

大岡昇平は『レイテ戦記』で、

「基地の兵舎で、特攻と決定してから出撃までの幾日かの間、あるいは飛び立ってから、目標に達するまでの何時間かの間は、人間に最も残酷な生を強いる、と私には思われる」と述べています。

美濃部少佐は、戦禍の中での心模様を、「本心」と「覚悟」という言葉で表しています。

本心。死ぬ事は恐い。生き永らえて戦の無い所で、貧しくても出世しなくとも良い。結婚日浅い妻が待つ故国に帰りたい、母に孝行がしたかった。これが本心であった。

覚悟。今は祖国存亡の危期、帝国海軍の中堅幹部として戦場にあり。我戦わずして誰が国を護る。天皇の赤子としてこれまで育てられた恩顧に応えるは男子の本懐、一命を捧げるは家門の名誉。これが覚悟であった。

国敗れ、父祖伝来の山河を護り得ずして生永らえたとて、何の生き甲斐がある。

特攻隊員も同じような心境だったのでしょう。死ぬのは嫌なのです。帰りたいと思う。けれど、「その時」には、覚悟が決まるのでしょう。

けれど中には迷ったまま、苦悩のままに飛んでいった兵士もいたかもしれません。人はそれぞれなのです。美濃部少佐は、「海軍のばかやろう」という打電を受け取っています。その打電はひっそりと秘匿したのでした。

ためらえば臆病者との誹りを受ける。かといって、我が一命が国を救うと言われて尻込みするはずもない。それが当時の生き方というものだった。「勝って祖国に帰りたい」というのが本当の願いであったけれど、あえて志望した。

だからこそ「護国の神々」なのだと美濃部少佐は述べています。「ばかやろう」という打電をしてきたからといって、それがその兵士の尊厳を傷つけるものではないのです。

「人は生まれながらにして、それぞれ希望と夢がある。報国の大義の為に身を滅すとは言え、前途ある若者が出撃の前夜、何を苦しみ何を思い悩んだ事か」指揮官も、参謀も、そして国民全てが合掌すべきことである。

特攻兵の心情を知る手がかりとして裏千家の千玄室《せんげんしつ》大宗匠の経験談があります。

千玄室大宗匠は学徒動員により海軍に入隊、飛行科に入り海軍少尉として、昭和二十年四月、特別攻撃隊として航空隊に在籍していました。平成十四年に家元を譲座してからは、講演会やインタビューを通じて、しばしば特攻隊の経験を話されています。

在籍中の相棒だったのは、俳優の西村晃さん（故人・水戸黄門役で有名）。三月に二〇〇名ほどいた飛行隊員全員に紙が配られました。そこには、熱望・希望・否と書かれている。そのうちのひとつに丸をつけて、夕方までに出せというのが司令からの訓示でした。本土決戦を前に全員特別攻撃隊が編成されようとしていたのです。

大宗匠は西村さんと相談したそうです。

「どうしよう、俺、死ぬの嫌だな」と西村さん。

「俺もそう思う。だけど姓名を書かなくちゃいけないのに、いまさら否とは書けないだろう。もしかしたら、否と書いたら、反対に出されてしまうかも知れない。かえって、熱望と書いた方がいいんじゃないか？」

そんなわけで二人とも「熱望」に丸をつけたのだそうです。

しかし、たとえ「否」に丸をつけても、どうだったのでしょうか。一週間後には、特別攻撃隊として出撃することになったという訓示を受けたのです。

それからは、出撃のための猛特訓。鹿児島県の鹿屋基地を午前零時頃に出て、四時間半ほどかけて沖縄まで飛ぶため、夜間飛行の訓練です。

皆、二十一～二十二歳の大学生です。中には「国を救うために死ぬぞ」と言っていた者もいたそうですが、大半は「死ぬとはどんなことだろう？」というふうで、それでも儚い自分、抵抗のできない自分をどうすることもできず、あきらめの言葉が「ロボットやなあ」だったとか。

大宗匠は常にお茶道具を持ち歩いていたため、皆にお茶を振る舞ったそうです。飛行機の横でお茶を点て、仲間たちと車座になっていただく……。

「その時に、京都大学出身の旗生《はたぶ》少尉が、『なあ、千。俺がもし生きて帰ってきたら、お前のところの茶室で、本当の茶を飲ませてくれるか？』と言ったのです。それを聞いた時、『あ、俺たちは、生きて帰れないのだ』と、胸がぐーっと詰まってきたことは覚えていますね。

それで、ふと『お袋に会いたいなあ。お袋に頭なでてもらいたいなあ。もういっぺん子どもにかえって。皆どうや?』と言うと、『女々しいこと言うなよ』というような顔をしていました。でも私は立ち上がって、京都のほうへ向いて『おかあさーん』と叫んだのですよ。

飛行場でね。七人ばかりおりましたけれど、最初は何だというような顔をしていたのに、次々に皆『おかあさーん』と叫んでいました。もう皆ぼろぼろ涙です。それが最後でした。その二日後、出撃しました。私と西村だけが残されました」(『茶のこころを世界へ』千玄室 PHP研究所)

皆、鹿児島県の鹿屋基地の飛行場から、敬礼しながら順番に出て行った。

二日前に、「おかあさーん」と涙ながらに叫んでいたというのに、皆、別人のように凛々しく敬礼をして、飛び立っていったのです。

大宗匠は、なぜか突然、待機となりました。西村さんは出撃したものの、不時着し、奇跡的に助かりました。

「私だけが降ろされて、私だけが生き残って、皆死んでしまった。ほんとに皆死んでしまった。一緒に苦労した仲間、優秀な大学生たちが皆。一体何のために死んでいったのだと、私はそのころ、忸怩たる思いだったのですよね。(中略)

海軍飛行予備学生十四期戦死者四一一柱、私の後ろには死んでいった連中が残っていますよ。私にとってまだ戦争は終わっていない。私が死んだ時に終わるでしょう」（同）

千玄室大宗匠は、今も毎年、仲間が飛び立っていった海に献茶をするのだそうです。お茶を点てて、お盆に載せて、そっと海へと流す。しばらく波間に揺れて、やがて海に消えていく。その時、大宗匠は、皆がお茶を飲んでくれている、と、感じるのだと話しておられました。一服のお茶を喫しながら、英霊はこの日本を、どんな思いで見つめているのでしょうか。

この若くして散った御霊を祭らずして民族愛が育つものではない。

私たちが今こうして世に生きている、その背景には、おびただしい命があるのです。それを忘れた時が、本当の意味での、国の危機となりましょう。

南九州には多くの特攻基地が存在しています。なかでも海軍鹿屋基地は最も特攻出撃戦死者が多く、その数は九〇八名にものぼります。次いで陸軍知覧基地が四三六名、さらに海軍国分基地が四二七名。赤江基地、串良基地、万世基地、出水基地、指宿基地、そして都城基地……こんなにも多くの基地から、二十歳前後の若者たちが飛び立っていった。

南九州の海は、失われた青春の色なのです。

6　夜明け前

昭和十九年も終わりにさしかかる頃には、レイテ戦は泥沼化し、もはや放棄せざるを得ない状態に陥りました。

米軍はもとより原住民のゲリラ部隊に攻撃されるのです。ゲリラ部隊に拘束された日本兵は、米軍に引き渡されました。それを避けるために、もはや生を諦め自害する兵士もありました。

美濃部少佐は幹部宿舎には行かず、搭乗員宿舎で部下三人と共に過ごしました。兵食を共にし、時にはドミノゲームに興じる。そんな時は誰もが少年にかえります。故郷の話、子どもの頃の思い出話、好きだった少年漫画の話。しかし、未来の話には、なかなかならないのでした。

「次はどの隊から特攻がでるのかな」

不安そうな様子ではなく、雑談の延長のような調子です。

「それはわからぬ。ただ、我が隊は特攻はしない」

大西長官からとりあえずのところは「任せる」といわれているのです。美濃部少佐は一人一人の表情を確認するように見てから言葉を継ぎました。

「もはや搭乗員はここまで減ってしまった。そうである以上、我々は二人、いや三人、四人分の働きをせねばならない。そのためにも帰還せねばならない。無理はしないでほしい。いいか、必ず帰ってこい。どちらにしても厳しい戦いだぞ」

腕のある三人でした。これまでも零戦による夜襲で戦果を挙げています。皆が深く頷きました。

「我々には我々の作戦がある」

特攻だけが作戦ではないと暗に言いたかったのです。

夜はアンペラの上にごろ寝をしました。夜中にふと目を覚ますと、すぐ近くにあどけない寝顔があります。安らかな寝息でした。

たとえ特攻をせずとも死はすぐ隣にあるのです。こんなに若い者まで道連れにするのかと、戦の無情がしみじみと迫ってきます。

この部下とともにセブ島を死地としよう。

夜空に上弦の月がかかり、南十字星が輝いています。戦争さえ無ければ星の瞬く静かな夜でした。篤子の顔が浮かびます。

お腹の子は育っているだろうか。たとえ遠く離れた南洋の地で死しても魂は必ず祖国へ帰る。そして、生まれた我が子を見えない力で守るのだ。何も寂しいことはない。

けれど、そう思うそばから、もはや寂しくてたまらない自分を見いだすのでした。

数日後、またも大西長官から直接呼び出されました。今度は何かと司令室へ急ぎます。

大西長官は一瞥すると、有無を言わさぬ様子で命を下しました。

「貴隊はすみやかに内地に帰り夜襲隊を育成し、二十年一月十五日、フィリピンに復帰すべし」

あまりにも思いがけないことです。

「待ってください、急すぎます。そんなことより、このままセブ島で戦わせてください」

しかし大西長官は口を一文字にしたままです。

嫌な予感がしました。

「夜襲隊の育成ですが、内地へ帰るのは隊員も一緒でしょうね？」

「いや、搭乗員は残していけ」

そんな馬鹿なことがあるか！

生死を共にと叱咤激励し、これまで戦ってきたというのに、残して帰れるものか。

美濃部少佐は断固隊員も連れて行くと主張しました。

「だいたい私一人で、いったいどうやって再建するのですか。ただ人数だけあれば良いというのでもありません。熟練者も必要です。隊員は連れて行きます！」

「よし、わかった」

ホッと胸をなで下ろしそうになったところで、大西長官は冷酷に言い放ちました。

「ただし、零戦の夜戦隊はこちらで必要だから置いていくように。なお中央には夜襲隊の育成については配慮するよう手配する」

零戦の夜戦隊とは、寝食を共にしてきた三人のことです。兄弟以上といっていいほど絆の深い部下三人を置いて行けというのです。それはあまりに非情な命令でした。

しかし、もはや逆らうことができないことを、大西長官の光る目が伝えています。

「話はこれで終わりだ」

出ていけ、というのです。

美濃部少佐は一礼すると踵を返しました。

しばしの別れだ。一月にはまた再会できる。そう自分をなだめるほかありません。しかし、この状況で再会できるかどうかなど、いったい誰が希望を抱けるというのでしょう。

下命されると即移動です。部下達に説明もできないまま帰国せざるをえませんでした。残された三人にとっては、隊長は自分達を置き去りにして飛び去ったことになるのです。

このことは美濃部少佐にとって、生涯消えることのない心の棘となりました。


戦いには死と言う人間本性に反する矛盾がある。勿論国家、民族間には利害反し死活興亡の危機には今後も戦は有り、戦わねばならない場合もあろう。その際、友情も信義も押しつぶさ

れる非情とむごい悲しみのあること。癒え切れない心の傷が残る事も伝えたい。

運命とはわからないものです。

皮肉なことに、この非情な命令が芙蓉部隊誕生の直接的なきっかけとなったのです。「特攻一辺倒」のように受け取られていた大西長官は、美濃部少佐の夜襲作戦を高く評価していたのでしょう。「中央には配慮する」との言葉は真実でした。

夜襲部隊を急ぎ育成するためにフィリピンから帰国した美濃部少佐には、いよいよ本領発揮の時が待っていました。

第四章　芙蓉部隊あらわる

1　日本の母、富士

昭和十九年十二月一日。

美濃部少佐は祖国の地を踏みました。およそ四ヶ月半ぶりのことです。

フィリピンはマニラの水上機基地から部下を先に送り出し、最後に整備員と共に飛行艇便に搭乗。台湾を経由して兵庫県川西に到着した時には雲が低く垂れ込めた空から冷たい雨が降っており、思わず震え上がりました。

二度と再び帰ることはないだろう。そう覚悟していたというのに、まったく運命というのはわからないものです。しかし、美濃部少佐の心には帰国の喜びなどかけらもないのでした。

ただただ気が重い。

同行した部下と大阪駅で別れた美濃部少佐は一人列車に乗り込みました。まずは木更津基地の司令部へ出頭するのです。

座席に身を沈めると一気に疲れを感じました。まるで体が土砂袋にでもなったかのようです。そして心はここにあらず。フィリピンに置いてきたかのようでした。

列車が重たげに動き出し、濡れた景色がゆっくりと後方へ運ばれていきます。

美濃部少佐が指揮する戦闘第九〇一飛行隊は、三人の分隊長と八人の隊員が戦死しています。

長いこと一緒に戦ってきた三人の部下は、フィリピンに置いていかざるを得ませんでした。

大西中将に何を言っても仕方ないと思った美濃部少佐は、他の参謀たちを必死で説得しようとしました。

部下たちと共にこの地で死なせて貰いたい。夜間襲撃隊は整備員の協力なしでは成り立たない、擬装、発着誘導、夜間整備などの支援あればこそ可能なのだ。どうしてもあの三人は必要だ……。

しかし、誰も何もできないのでした。大西長官に意見することなど誰にもできず、そして、しようとも思わないのです。

大西長官の言葉が蘇ります。

「君の所の夜襲戦闘機はよくやっている。私から中央に電報しておくから至急内地に帰り、できるだけ多数の夜襲隊を錬成させて一月十五日にはフィリピンに再進出せよ」

五十日でいったい何ができるというのだ？

夜間戦闘には最小限三ヶ月の錬成が必要です。しかしそれはある程度のレベルに達している搭乗員に対してのことで、経験の浅い若年搭乗員であれば最低半年は必要なのです。

「三度目の正直」ならぬ「五度目の機会」でようやく実を結ぼうとしている美濃部少佐の夜襲部隊。しかし……

我々は既に敗戦必至、最後の時を敵前セブ基地で待っていたのに、まだ苦労が続くのか、気は重い。如何に夜戦が有効でも玉手箱の様に出来る物ではない。ろくに訓練もせず夜戦特攻にでも使う気か。それだけは避けたかった。

たとえ魔法か何かで五十日間で錬成が完成し、フィリピンに再進出したとしても、もはや勝ち目はない。

新たに若者を集めたくない。

美濃部少佐の正直な思いでした。

不意に赤ん坊の泣き声が聞こえてきて、少佐は我に返りました。いつの間にか眠っていたようです。前に座った若い母親が慌ててお乳を含ませていました。痩せた母親です。赤ん坊はしばらくおとなしくなったかと思いきや、またも泣き出しました。お乳が出ないと怒っているのです。母親は困ったようにあやしていました。

内地の食糧事情も相当ひどいらしいな。

篤子の身が案じられました。ほどなく臨月を迎えようとしていたのです。

延々と列車を乗り継いでようやく木更津に到着したのは翌日のことでした。

木更津基地には新たに編入された司令部があるのです。一日も早く打ち合わせをして再建に着手しなければなりません。

「夜襲部隊の再建についてはよくわかった。もう軍令部にも大西中将から連絡は行っているようだ。ただ、基地は他をあたってもらわないとならん。ここはまったく余裕が無いんだ」

なんと基地探しから始めなければならないのです。当然、錬成は木更津基地でできるものだろうと考えていたのに、予想だにしませんでした。

仕方ない、とにかく探しに行こう。

美濃部少佐は同じ木更津の第三艦隊の司令長官・寺内謹平中将に事情を話し、零戦一機を借りて飛び立ちました。寺内中将とは顔なじみで何でも相談できる心やすさがあるのです。

淡く澄む師走の空を東海道へと飛んでいく。

まずは神奈川県の厚木、静岡県の大井と二ヶ所の基地を巡りました。が、いずれも断られ、さらに西へ行くことにしました。

一年で最も日が短い時期です。冬の陽射しが急き立てているようでした。

右手に富士山が見えます。すでに新雪に覆われていました。その雪肌の美しさは何とも言いようが無いほどで、しばし美濃部少佐は心を惹きつけられ、うっとりと見惚れるのでした。

おや？

奇妙な感覚に襲われました。意に反して高度が急激に下がっていくのです。二〇〇〇メートルから一気に五〇〇メートルへ、まるで落下しているかのようです。エンジンを全開にしても水平飛行ができません。

もはやこれまで、このまま地面にたたきつけられるかと覚悟した時、ふとソロモンで猛烈なスコールの帯を突破した際に、よく似た状態になったことを思い出しました。

平静を取り戻し、ゆっくり機体を立て直します。


下降気流は十メートル以下では水平となる。地中迄潜る事は無い。富士山が日本の母となり、滅入る私に「しっかりしなさい。東京方面は空襲で女、子供達が逃げ苦しんでいる。皆誰もが精一杯頑張っている」と諭してくれたのであった。


我が日本の母、富士山。

その姿を前に、美濃部少佐はようやく煮え切らない思いから解き放たれたのです。

事態を嘆いたところで、もはやどうしようもありません。人事を尽くして天命を待つ。まだお前は人事を尽くしきったわけではないだろう？　と、自らを叱咤します。

気を取り直した少佐は、豊橋、岡崎、挙母《ころも》、伊香保、さらには明治基地と精力的に回りました。しかし、まるで断られるために回っているかのようです。どこもかしこも場所が無いの一点張りでした。

徒労に終わったか……。

やむをえず木更津に引き返すことにしました。

ちょうど故郷上空のあたりです。母のことを思いながら、そして墓参のつもりも込めて緩旋回しました。そして機首を再び静岡へ。

すでに陽は傾いています。斜めの陽射しを受けて大地は淡く染まっていました。

と、その時です。

あれは？　基地ではないか？

斜陽の恩恵なのか、大井川を超えたあたりで右下に滑走路があるのを発見したのです。飛行機は、わずかに二機が置いてあるのみ。急遽、降り立ってみることにしました。

それは、まだ整備を進めている段階の藤枝基地でした。しかも驚いたことに、整備主任は顔見知りの堀田陽少佐です。思いがけない再会を二人は喜び合いました。

基地は時折、横須賀航空の飛行実験部隊が使っている程度で、ほとんど空いている状態だといいます。これを使わない手はありません。

「しかし美濃部さん、ここは排水が悪くて梅雨の時期などはたいへんですよ」

「まだ整備中なら、なんとか使えるようにしてもらえないか？　急ぎ木更津に戻って具申してくる」

美濃部少佐はこれまでのいきさつと、もはや玉砕寸前のフィリピンの状況、そして、これから急ぎ夜襲部隊を錬成しフィリピンへ戻らねばならないことなどを話しました。

「わかりました。美濃部さんの夜襲部隊が来るなら基地を挙げて協力しますよ」

嬉しいひと言でした。これまでの疲れも一気に吹き飛んだような気がします。こうなれば一刻も早く木更津へ戻って報告し、許可をもらおう。

藤枝基地を離陸した時には早くも夕暮れ時でした。徐々に高度を上げていく。見れば富士山が淡く染まり始めていています。新雪に覆われた純白の山肌は微妙な陰影を描きつつ薄紅に彩られていました。あたかも「よかったね」と微笑みかけているようです。少佐は小さく笑い、心の中で手を合わせました。

ありがとう、日本の母よ。

2　九〇一飛行隊再建

木更津で寺内中将に話してみると、すぐに許可は下りました。これで基地は藤枝と決まったのです。

フィリピンから帰国して二日目。残された時間はあと四十八日です。基地が見つかったのは実に喜ばしいことですが、ホッとすることなどとうていできる状況ではありません。

美濃部少佐は寺内中将に次は機材と人員を手に入れなければならないことや、これから九〇一飛行隊を夜襲部隊として再建していく上での運用および錬成方針について話し、これらの手続きや許可などが可能な限り素早く通るように軍令部に話を通しておいて欲しいと頼みました。

寺内中将も美濃部少佐の良き理解者の一人です。「よし、わかった」と言ったときには腰がすでに浮いており、すぐさま連絡をしてくれたのでした。

これで保険を手に入れたも同然です。翌日、早朝に発ち霞ヶ関を目指しました。

二度目の軍令部出頭、そしてまたもよれよれの軍服姿です。

寒風の吹く霞ヶ関、威厳のある赤煉瓦の建物に対して臆する感受性はもはやどこかに置き忘れたかのようでした。その威風堂々とした姿は、かえって虚構を象徴しているもののようにさえ思われます。

この期に及んでまだ戦争をするつもりか。一億特攻を叫んで、その通りやったとして、いったい後に何が残る？　大本営は一体何を守ろうとしているのか？　国民の一部はもう気付き始めているようだが、大半は扇動されて玉砕を叫んでいる。この罪深さを認識しているのか。いかにして収束させるのか？

次々と湧いてくる疑念は、しかし、今は「余計なこと」でした。

今はただ戦うしかない。できる限り建設的な作戦で一矢報いるほか無いのです。

軍令部第一課に出頭。話は驚くほどうまくいきました。錬成方法その他すべて提出したまま通ったのはもとより「錬成期間を一ヶ月延長して欲しい」という要請も受領されたのです。これで七十八日の錬成期間を確保できました。

次は機材と人事です。

まず零戦を二十機すんなり手配してくれました。しかし二十機では当然ながら足りません。それまで夜戦専用として使われてきた「月光」はもはや生産中止です。あとは「彗星」なら相当数があるということでした。

高速で機動力もある急降下爆撃機「彗星」は扱いにくく事故も多いため誰も使いたがらずに多くが眠っている状態だったのです。美濃部少佐も「彗星」が「殺人機」と呼ばれて嫌われているのを知っていました。

「数はどれくらいありますか？」

「かき集めれば百は軽く超えるはずです」

「わかった。では二〇〇機頼む」

「二〇〇機?!」

「そうだ。よろしく頼む」

「わかりました。なんとかやってみましょう」

無いものを求めて嘆くより、あるものを生かす方法を考えたほうがいい。殺人機といわれようと、調整や整備を工夫すればなんとかならないわけはないはずだ。

美濃部少佐は後で製造元を訪ねてみようと思いました。

続いて搭乗員です。中心に据える隊員を選ぶ必要がありました。まず夜間飛行に慣れている水上機搭乗員が絶対的に必要です。そして零戦やすでに「彗星」に乗っているパイロットも不可欠でした。

美濃部少佐は人事の部員と顔をつきあわせ、名簿を見ながら以下の人員を選出しました。

まず、分隊長要員として小川次雄大尉。下士官操縦員に中森輝夫上飛曹。さらに井村雄次大尉と河原政則少尉、岡野正章少尉。

「あとは整備員と兵器員だが、名簿を見たところで私には判断しようがない。任せるので適任者を選んでくれないか？　特に難物の『彗星』の面倒を見てもらうことになるわけだから、それなりの技量も根気もいる。そこだけは頼む」

人事局の部員は快く受けてくれました。

多くの指揮官が居並ぶ中で整備にまで言及する者はほとんどいないのです。まして難物の飛行機をあえて使おうという指揮官はまずいません。それどころか隊長みずから駆け回って基地探しから運営方針、機材と人事まで手掛けるというのは極めて珍しいケースです。そんな美濃部少佐の心意気に打たれ、人事局は腕利きの整備員・兵器員を手配してくれました。

基地探しこそ苦労はしましたが、あとはすべて美濃部少佐の思い通りとなった、といっていいでしょう。ようやくわずかなりとも安堵することが出来ました。

鎌倉へ行くか。

ずっと心の隅にひっかかっていました。何もかもが急展開だったため帰国を知らせる手紙も出していません。この段階で篤子に会っておかなければ、もう二度と機会は訪れないような気がしました。藤枝で錬成が始まれば息つく間もないはずです。


鎌倉駅から若宮大路へ出て鶴岡八幡宮を背に海岸方面へと歩く。木々はすっかり葉を落としています。

篤子は大きなお腹をかかえて出てきました。

「篤子、おー、立派になったなぁ」

篤子はただ驚いているだけではないようです。何か不審なものを見るような表情をしているのです。おっかなびっくりといった様子でした。

「ああ、大丈夫だ、俺は幽霊じゃない。足はあるぞ、ほら、この通り」

美濃部少佐は軍靴を脱ぎつつ言いました。この時期、夫や息子が帰ってきたと思って喜んだら幽霊だった……という話があちこちで聞かれ、そのため篤子もまさかという顔をしたのです。

「正さん、よくご無事で……、よかった、おかえりなさいませ」

「いや、帰ってきたわけではないんだ。寄っただけだ、また行かねばならぬ」

「フィリピンから？」

「まあ、そうなんだが……」

篤子の言うことは常にどこか間が抜けています。しかし、考えてみればそうでした。フィリピンから立ち寄って、またフィリピンに帰るのです。

篤子の肩がいちだんと細くなっていました。お腹が大きく見えたのもそのせいで、あらためて見てみると、まもなく臨月とは思えないほどです。生まれてくる子のことが案じられました。

「大丈夫ですよ、私がちゃんとついていますから」

義母は相変わらずしゃきしゃきとしています。話をしていても一を聞いて十を理解するといった頭の回転の速さです。打てば響くということがありますが、美濃部少佐は篤子よりもむしろ義母と相性が良いのでした。しかし、それだけに「悟られてはならない」と構える必要がありました。

フィリピンには、まだ岳父の美濃部大佐がいるのです。まもなく玉砕の戦況であるとは口が裂けても言えません。また、今回帰ってきたのが部隊再建の使命があるためで、二ヶ月もすれば、再びフィリピンへ出陣することも語ることはできません。

他愛も無い話をして、これからどこへ行くとも言えないまま去りました。美濃部家で過ごしたのはわずか三十~四十分です。篤子とお腹の子の無事を確認できただけで十分でした。

美濃部少佐は木更津へとって返すと、再び零戦で愛知県へと飛びました。急降下爆撃機「彗星」の製造元・愛知航空の本社工場を訪ねるためです。

工場で技術主任に面会し、なぜトラブルが生じるのか、その原因と対策について聴き取りました。「彗星」の短所を改善し、その性能を最大限引き出したいと考えたのです。

工場長と技術主任の話を聞いた美濃部少佐は「彗星」は大いに期待できると直感しました。しかし、そのためには徹底した整備と使用後の修繕が必要です。

「うちの部隊にしばらく技術者を派遣していただけませんか？　整備員たちを指導してもらいたい」

「わかりました。徹底的にお教えいたします」

工場長は約束してくれました。愛知航空にしてみれば、せっかく作った飛行機を使いこなせず悪評ばかりを流布し、その結果、「彗星」を眠らせることになっている事態に忸怩たる思いを抱えていたのです。飛ばない飛行機を作るわけが無いだろう、というのが作り手側の思いでした。それだけに美濃部少佐の申し出は喜ばしいことだったのです。

工場の技術者が整備技術を教えに来るという、これもまた異例のことでした。しかしこれにより整備員の技術はさらに数段上がることになったのです。

帰りに郷里の母のもとへ立ち寄りました。

懐かしい田舎道。幼い頃の思い出が次々と蘇ります。畑仕事からなかなか帰らない母を泣きながら待った遠い日。帰ってきた母に飛びついた時の、あの安心なぬくもりと匂い。もう一度、あの日に帰って好きなだけ甘えたい……ふと、そんな思いがかすめます。

しかし実際に母に会ってみると、甘えるどころか守ってやらねばならない存在であることがわかるのでした。母は、いちだんと小さくなっていたのです。

母・ことは、はじめ驚いたように美濃部少佐を見たものの、その瞳の色はすぐさま慈しみに変わりました。

「やつれたね……」

少佐の腕を一心にさすりながら、ただひと言。抑えがたい涙が溢れ出て、皺の増えた頬を濡らしていました。

言わず語らず、戦いの厳しさを理解してくれた。黙って仏壇の前に坐り、亡父に別れを告げた。

息子を一目見ただけで、すべてを理解してしまう。お腹の中で十月十日を育てた時の母と子を結んでいた「へその緒」という命綱は、生まれた後も目には見えないかたちで存在しているのです。理屈を超えた理解ができるのは、母ゆえのことでした。

美濃部少佐は万感の思いを込めて母と別れました。ことはもう泣いてはいませんでした。

歩きながら母がいつまでも自分の背を見送っていることがわかります。「しっかりね」という最後のことばが、いつまでも耳から離れませんでした。

3　誕生

木更津には旧来の隊員に加え、新たな隊員が続々と集まってきました。ようやく移転が可能になったのは昭和十九年の暮れもいよいよ押し詰まる頃のことです。そして、時を同じくして美濃部少佐のもとへ軍令部から新たな辞令が出たのでした。

戦闘九〇一飛行隊に加え、戦闘八一二飛行隊および戦闘八〇四飛行隊が藤枝基地に集合、この三個隊で夜襲部隊の錬成をし、フィリピンに復帰すべし。

戦闘八〇四飛行隊は川畑栄一大尉が隊長、戦闘八一二飛行隊は徳倉正志大尉が隊長で、いずれもフィリピンで辛酸をなめた夜戦航空部隊です。もっとも、まだこの時点では徳倉正志隊長率いる戦闘八一二飛行隊はフィリピンにいて、死の淵ぎりぎりの脱出劇を繰り広げた揚げ句二月上旬にようやく藤枝基地へ到着することになるのです。

徳倉大尉は美濃部少佐と同郷で卒業した中学校も同じという後輩です。大らかなところがあり、美濃部少佐にとって良き補佐官となっていくのでした。

いずれにせよ、「藤枝に三個隊が集まる」というのが合い言葉のようになり、それぞれの隊員たちは藤枝での結集を目指すことになったのです。

本格的な冬を迎えた藤枝は「富士おろし」が吹き付け時には小雪が舞うようなこともありました。寒風吹きすさぶ中、さしあたって九〇一飛行隊の隊員を中心に藤枝基地への移転が完了しました。それに伴い、航空機も一機、また一機と到着。しかし、隊員宿舎などの設備は揃っていないため、近くの小学校の校舎を借り宿舎としました。


明けて昭和二十年。快晴の元旦です。遠州灘から昇る初日の出は、つかの間、戦局の厳しさを忘れさせ、ささやかな希望を抱かせるのでした。

フィリピンから帰国してすでに約一ヶ月、錬成はまだまだ序の口です。一ヶ月延ばしたところで、その一ヶ月はほとんど準備に費やされました。

最も恐れているのは錬成が十分されないまま復帰の命令が掛かることです。部下をむやみと死地に急がせることになるのは、美濃部少佐が何より恐れることでした。

そんな状況であっても、新たな年に切り替わり、その真新しい太陽を拝むことで力が湧いてくる。隊員たちとささやかな正月祝いをしながら、美濃部少佐は心を新たにするのでした。

そして一月八日、またも思いがけない命令が下りました。

夜襲戦闘隊はフィリピン進出を取りやめ、本土防衛に備え錬成すべし。

遂に来るべき所に来た。もはや祖国が危ない。名古屋方面は連日の大空襲。B－29も叩きたい、それ以上に敵上陸前の機動部隊を如何にして迎え撃つか。更に上陸軍に依る国土の蹂躙に如何にして抵抗し国民の楯となるか。特攻は簡単である。しかし線香花火に似て数日にして戦力を失う。今後の戦いは何を目的に、どの様に戦うべきか。

その為に部隊をどの様に錬成すべきか。戦争は、今となっては勝ち目はない。軍人としての死に場所、時期も見極めたい。

腕組みをして瞑目。

これまでの錬成計画を見直さなければならない。フィリピンで戦うのと本土で国民の楯となるべく戦うのでは、おのずから戦い方は異なる。そのためにはいかなる錬成が必要となるか……。

この日、もうひとつ電報がありました。

「アツコ　ブジ　シュッサン　ジョジ　サズカル」

篤子が女の子を出産したのです。

少佐は今すぐ飛んでいきたい心境をぐっとこらえながら、心の中で語りかけました。

よくやった、篤子、よくやったぞ。

急ぎ手紙を書きます。

「樟子と名付けよ。読みはしょうこだ。予後に十分配慮せよ。無理はするな」

「樟」は一文字で「くすのき」と読みます。語源は「奇しき（くすしき）」といわれています。春の若葉がとりわけ美しい常緑高木で、長命のため径が五メートルにもなる老木巨樹が日本各地に見られます。古来、霊木とされ日本書紀の神代記には樟で船を造ったことなどが記されています。樟脳を含んでいるため虫や公害にも強く、生命力に溢れているのも霊木とされるゆえんでしょう。

美濃部少佐は、美しく力強く生きる日本女性になって欲しいという願いを込めて、この字を娘に与えたのでした。

「樟子、元気に育て。お父さんが守ってやるからな」


翌日、美濃部少佐は隊員を集めました。

新たに八一二飛行隊と八〇四飛行隊が加わること、フィリピン行きは取りやめになったこと、ついては本土決戦に備えて順次錬成を始めなければならないこと等々を訓示。

そして、あらためて夜襲部隊としてのあり方とこれから始める錬成について説明をしたのです。

夜間戦闘機の歴史は浅く、海軍でもその必要性や用法、錬成訓練様式も確立されていませんでした。そうした中、夜戦の誕生のために大きな役割を果たしたのが小園安名大佐です。昭和十七年にラバウルに現れたB－17超重爆撃機は零戦でも対抗が困難でした。そこで小園大佐は斜め銃を考案し二式艦偵に装備、B－17の夜間攻撃を迎撃、撃墜することに成功したのです。これが事実上、日本海軍夜間戦闘の始まりとなり、以来、夜戦といえば空対空となりました。

そこを一新したのが美濃部少佐です。美濃部少佐が考え出した零戦夜襲隊は、空母および基地に対して未明に攻撃し活路を求めるというものでした。航空機を撃墜するよりも、さらに大きな戦果を望むことが出来ます。正攻法でありながら極めて合理的かつ実践的でした。

この時期、美濃部少佐の作戦運用方針や錬成訓練はすでに成熟したものとなっていました。作戦運用方針の大原則は、「特攻作戦は行わずあくまで夜間による正攻法の作戦を貫く」とし、そのうえで以下の六点を猛特訓することにより夜間攻撃部隊を育成することでした。

一、夜間に洋上六〇〇キロ往復の行動力をもって敵空母及び基地の夜間攻撃を行う。
二、部隊独自で六〇〇キロ圏内の夜間哨戒、偵察、攻撃隊誘導能力を保有する。
三、基地は、擬装、隠蔽して秘密化し、極力地上被害を避けるようにする。

四、整備能力を向上し、稼働率の向上に努める。
五、敵のレーダー射撃、弾幕突破能力の向上をはかる。
六、新兵器、二十八号弾、三十一号弾などを採用し、攻撃効果を高める。

六〇〇キロというと東京から兵庫県の明石あたりの距離に相当します。それを一晩に往復するというのです。

元自衛官の方に伺ったところ、夜間に洋上を灯りもなく飛行するのは相当な技術が必要とのことでした。しかも方向を見極めるのは飛行機に据え付けられた方位計器板のみ。この計器板について、美濃部少佐は誤差が常に生じるため、いかにしてそれを埋めるかという技術まで習得し、部下に教授しています。わずか一度の誤差であっても、一時間も飛べばとんでもない方向へと行ってしまいます。自分の居る位置を見失うことは未帰還に繋がります。飛行士は漆黒の闇を常に方位を修正しつつ目的地へと的確に飛んでいかねばならないというわけです。

しかもいつ敵の射撃を受けるかわからない。技術もさることながら、精神的な緊張は想像を遥かに超えるものであっただろうとのことです。

少佐は隊員ひとりひとりの表情を確認するように述べました。

「この夜間飛行および攻撃に耐えられる搭乗員は、戦前では一年間四〇〇時間の飛行訓練をしていた。それを新人の隊員については六ヶ月、訓練燃料月十五時間、他機種からの転換者については三ヶ月を目標としての錬成に着手しなければならない。いいか。これは特攻部隊の三倍にもなる厳しい猛特訓だ。戦局の急激な悪化で、本土決戦は必至であろう。しかもその時期は近いと私は見ている。ゆえに無理を十分承知のうえで、その無理をやってのけようとしている。各自、奮励努力してもらいたい」

隊員は思った以上に落ち着いていました。むしろ少佐の言葉に闘志を新たにしたのか、どの顔も頼もしいほどに引き締まっています。

大丈夫だ、という確信を抱いた美濃部少佐は、さらに今後の錬成訓練についての具体的な内容を述べていきました。

夜間飛行の最も難しいのは、遠距離飛行から帰り、味方の基地を発見すること、さらには暗夜の着陸です。しかも敵の攻撃を避けるため、場周灯、滑走路周辺灯、着陸誘導灯は裸灯とせず、味方機の帰投時のみ点灯し、味方機からのみ見えるようガンドウ付きの誘導灯を使います。

搭乗員は味方の基地を発見したら信号を送り、その信号を受けて基地では灯りを点灯。搭乗員は灯りが見えている以上は方向は合っている、見えなければ間違っているという判断を下しながら、正しく滑走路へと着陸していく。必要な時のみ灯りを点けるためには夜設灯係も配員することになります。

この方法には、指揮所と搭乗員、夜設灯係の三者の呼吸がぴったりと合う必要がありました。その分、相当な訓練を必要とします。しかし、燃料も不足する中、夜間の着陸訓練などそうそう出来ようもありません。

美濃部少佐は模型を造り、何度も繰り返しシミュレーションすることによって連係プレイのイメージトレーニングとしました。


続いて夜間洋上飛行におけるレーダー対策と磁気コンパスの時差測定と修正です。

「米軍は昭和十七年頃から恐るべきレーダーを使用しはじめた。私は昭和十五年に南洋で対米迎撃研究訓練をしたのだが、その時には十八センチ双眼鏡が私の飛行機を発見するよりも、私が飛行機から艦を発見するほうが早かった。それが十七年四月九日、セイロン島沖での航空戦の時、私が英空母ハーミスを靄《もや》の中から発見した時、敵はすでに戦闘機を発艦させつつあった。恐るべき新兵器が出現したことを意味する。これに対して私の部隊では、ソロモン、フィリピン戦の夜間行動でも蛇行運動によるレーダー射撃回避をして被害を防いできた。この蛇行運動を身につける必要がある」

パイロットの中でも特に日本人のパイロットは目が良いと定評があったらしく、おそらく視力は3・0にもなる搭乗員もいたのではないかということです。それは少なくとも大東亜戦争初期まではレーダーの比較にならないほどの技術力だった。それが昭和十七年からはそうではなくなったというわけです。蛇行運転とは文字通り蛇行するように飛ぶのです。

「続いて磁気コンパスによる時差測定と修正だ。目的地に到達し、なおかつ確実に帰還するためにも必要な事項である。洋上航法においては、正確なコンパスと針路保持および速度、時間が航空機の位置決定の不可欠な要素だ。これに風向き、風速の影響を加え、パイロットの正確な操縦があってはじめて位置を確定できる。ところが飛行機のコンパスは小さく、機銃、弾薬、爆弾装備などが磁力に影響するため随時五～十五度の誤差が生じてしまう。これを自差という。コンパス六度の誤差は六〇〇キロで四十六・八キロのズレとなる。これが未帰還の原因となるんだ。これまでも戦闘機の洋上訓練でいかに多くの犠牲があったことか、また、敵に到達せず見逃したことか知れない。よって我々の部隊では整備員、搭乗員たちが協力して自差測定を何度も繰り返し修正することを訓練する」

新入隊員の多くは戦場経験が浅いか、もしくはまったく無い者も少なくありません。学徒出陣でやってきた隊員も多く含まれているのです。敵の弾幕射撃や戦闘機について、悪天候の際の対処法、索敵接触法、照明弾の使用法や共同攻撃法……少佐でさえ、これを本当に数十日間でやるのか？　という気になります。

一通り説明を終えたところで、美濃部少佐は言いました。

「ひとまず、これから大前提として猫の目課を早速行う」

隊員たちは皆怪訝な顔をしています。「猫の目課」とは一体何なのか？

要するに昼夜逆転生活のことでした。さらに猫の目のごとく夜目を鍛えるために、灯りは限りなく少ない中で生活します。訓練も座学も読書も、ごくわずかな灯りのもとで行われるのでした。

「これからは午後六時を起床、午前十時を就寝とする。なに、やってみれば何とかなるものだ。俺など子どものころには懐中電灯も提灯も無しで蛍狩りに夜道を平気で駆けていったもんだ。慣れるとどんな漆黒の闇であろうとも昼間のようにあたりの景色が見えるのだ」

「隊長の場合、猫目というより獅子目ですね」

隊員たちはいっせいに笑いました。

訓練中は極めて厳しい美濃部少佐でしたが、そうでない時は若い隊員とも気さくに接しました。そのため隊員から親しまれ、かつ信頼されたのです。

戦後、美濃部少佐は「俺はどこへ行ってもモテるんだぞ」と家族に自慢していたとのことですが、生前の少佐を知る人からは「話の上手な楽しい人だった」「場を明るくする名人だった」「口は悪いけど面白い人だった」などよく似た証言ばかりです。隊の雰囲気を明るく保つことも、指導者として欠かせない資質のひとつなのでした。


一月末から二月にかけて、八一二飛行隊と八〇四飛行隊の隊員が続々と藤枝基地に集まり始めました。組織上は三個隊であっても、運営上のこともあり実質的には一つの隊としてのかたちをとっています。

九〇一飛行隊の隊長である美濃部少佐は地上での全体の指揮統括を担当。つまり指揮官としてトップに立っています。そして八一二飛行隊の徳倉隊長が同じく地上での指揮統括を担当、美濃部少佐の補佐官としての役割を担います。さらに八〇四飛行隊の川畑栄一隊長が出撃・空中指揮を執ることになりました。その配下に、準飛行隊長としての役割を、九〇一飛行隊から三名、八〇四・八一二飛行隊からそれぞれ二名を選出。

ようやく夜襲部隊としての体制が整いました。隊員数はもはや四〇〇名以上にもなろうとしています。そのうち搭乗員は全体の四割強。つまり、整備員や兵器員のほうが搭乗員を上回っているのです。美濃部少佐がどれだけ整備に力を入れているかがわかります。

兄弟部隊ともいえる三個隊が結集し、これから一致団結して夜襲部隊として戦う。美濃部少佐は、何かいい隊の名前はないかと考えました。

その時、ふと藤枝基地を見つけた日の、淡く染まる富士山を思い出したのです。富士山は別名、芙蓉峰ともいわれました。しかも海軍兵学校の歌『江田島健児』の二番の歌詞にこうあります。

芙蓉の峰を仰ぎては　神州男児の熱血に
我が胸更に踊るかな　ああ栄光の国柱
護らでやまじ身を捨てて

「よし、隊の名は芙蓉部隊だ」

徳倉大尉や川畑大尉に意見を求めると、それはいいと喜びます。

芙蓉部隊の誕生でした。

「芙蓉部隊」の名はこの時点ではいわばニックネームのようなものでしたが、ほかに夜襲専門部隊がないことや呼びやすさも相まって、ついには中央部にまで通じるようになっていきました。名実ともに一種の独立部隊とみなされたのです。

少佐は寺岡謹平中将に揮毫を頼み、芙蓉部隊の「隊旗」をつくりました。富士おろしの寒風吹きすさぶ藤枝基地で、堂々たる芙蓉部隊の隊旗がはためくのを目の当たりにした時には、さすがに喜びを感じました。隊旗は隊の誇り、象徴なのです。それは日々過酷な訓練に身を投じている隊員達にとっても大いなる励みとなりました。

二十年二月末には隊員も赴任して来た。幹部の大半は学徒出身ながら皆一時学業をなげうち、祖国の大難に身命を捧げ、役にたちたいとひたむきに願う純真な若者達であった。

歴戦の下士官は、若い兵達と共に慰安も娯楽も無い激しい飛行支援の夜間勤務に率先、空襲下飛行機の収容に当たり戦死者も出た。

二十九歳の私には、六〇〇名近くにふくれあがった部隊統率者としては、あまりにも若く未

熟者であったが、隊員全てが一致協力士気旺盛な部隊が育ちつつあった。

4　言うべきは言う、貫くべきは貫く

その頃、ついに米軍は硫黄島への上陸を敢行します。二月十九日朝のことでした。迎え撃つ日本の守備隊は栗林忠道中将率いる約二万一千人の部隊。栗林中将はこれまでのような水際作戦ではなく、地下要塞を陣地として、ある程度、敵に上陸を許してから攻撃に出る作戦に出ました。その結果、初日の正午までに上陸した米兵三万一千人のうち、五分の一から四分の一の将兵が死傷。「硫黄島は五日で陥落させてみせる」とした米軍の計画は裏切られ、実に一ヶ月以上にもおよぶ死闘が続くのです。

硫黄島での戦いにおける日本軍の戦死者は約二万人。一方の米軍は戦死者は約六八〇〇人ですが死傷者は約二万二千人を超えていました。硫黄島での戦いは米軍に対して大いなる打撃となり、その心身を疲弊させるものとなったのです。

二月に入って間もなく敵の本土上陸はもはや目前のものと見ていた大本営海軍部は、三月ないしは四月に沖縄方面が決戦の場となろうという結論に達しました。

それに伴い二月末、連合艦隊主催の次期作戦会議が木更津基地の第三航空艦隊司令部で行われました。来る沖縄戦をいかに戦うかということが議題です。所属する九個航空隊の幹部が集

合、約七十名にもなる出席者は皆美濃部少佐の先輩ばかり。最若輩の美濃部少佐は末席に収まりました。

分厚い印刷物が配られる。美濃部少佐は一読して、夜襲戦闘隊つまり芙蓉部隊がどこにも認識されていないことに気づきました。それどころか芙蓉部隊は戦闘序列第十六空襲部隊として一般攻撃部隊の中に組み込まれていたのです。

これはいったいなんだ？　夜襲戦闘の認識がされていないではないか。

作戦会議は進められていきました。航空参謀が作戦方針を説明します。

「沖縄決戦においては、教育部隊を閉鎖して練習機を含め全員特攻編成とすることといたす」

その理由として飛行士の技術の未熟さや訓練に使用できる燃料の不足、時間の不足などが並べ立てられていきます。

その「特攻しか出来ない理由」を聞いているうち、美濃部少佐の中で腹の底が煮えくりかえるような怒りが湧いてきました。

特攻の戦果を少しでも有効にするための作戦に基づいて、芙蓉部隊では日々、過酷な訓練を強いている。若い隊員たちはよく耐えて必死についてこようとしている。訓練の厳しさに殉死した者さえいる。犠牲を払いながらも、今や類を見ないような部隊が育ちつつある。

それを単に特攻に使うというのか！

いや、黙っていろ、居並ぶ参謀を見よ。

私はよくよく反骨精神が強いのか。「何も言うな、皆にならい武士はことあげせぬものぞ黙って死ね」と自らを抑えたが、戦闘三一六、九〇一の亡き部下、藤枝基地で必死に訓練している三〇〇名の搭乗員の期待を裏切る事は出来ない。抗命罪覚悟、一人位こんな愚劣な作戦に反対、それで海軍から抹殺されようとも甘んじて受けよう!!……

末席から立ち上がっていた。ミッドウェー作戦会議（昭和十七年四月岩国基地）以来二度目の、連合艦隊作戦案に対する批判であった。

「恐れながら申し上げます」

進行の参謀が顔を上げました。「なんだ?」という表情です。

「全力特攻といいますが、特に速力の遅い練習機まで駆り出しても、十重二十重のグラマンの防御網を突破することは不可能です。特攻のかけ声ばかりでは勝てません。敵の弾幕を突破するような手段を考えなければなりません。フィリピンで敵は三〇〇機の直衛戦闘機を配備していました。今度も同じでしょう」

参謀の顔色がみるみるうちに変わっていく。末席の若造がといわんばかりに色を成しました。

「必死尽忠の士四〇〇〇機が空を覆うて進撃するとき、何者がこれを遮るか！　第一線の少壮士官の言うこととは思えぬ！」

何者が遮るかといわれても、現に敵の弾幕が遮っているのです。第一線の少壮士官、実戦を重ねてきているからこそ、その現実を目の当たりにし具申している。しかも虚言でもなんでも無い。フィリピン戦では最初の特攻こそ奇襲攻撃で戦果を挙げられたが、その後は敵艦に肉薄する前に打ち落とされてしまった飛行機が少なくないのは事実ではないか。

満座の中で「臆病者」といわんばかりの大一喝、それで怯ませようという作戦ならば、もはや通用しない。開戦以来三年あまり、誰よりも多く弾幕を突破し、敵至近の最前線で飛び続けてきた。今をときめく参謀殿の大喝よりもよほど恐ろしい地獄を見てきた。安全な後方に居続けた航空戦の音痴幕僚に一体何が判るというのだ。軍命は天皇の命令とはいえ、よもや大御心は、かかる無策非情の作戦を望んでおわしますはずがない。

もう我慢ならぬ。こんな海軍から規律違反で抹殺されようと、それがなんだというのだ？初志貫徹、一歩たりとも引き下がるものか！

「今の若い搭乗員の中に死を恐れる者は誰もおりません。私の部下たちにしてもそうです。皆が一命を捧げています。それだけに、国に準ずるに相応しい目的と意義が必要です。彼らにしても、死に甲斐のある戦功をたてたいと望んでいるのです。精神力一点張りの空念仏で心から勇んで発つことができると思いますか。同じ死ぬなら確実に戦果を得られる手段を講じていただきたい」

参謀はなおもたたみかけてきました。

「そこまでいうなら、君に具体的な策を講じて貰おうではないか」

美濃部少佐はしばし絶句しました。

参謀というのは、いうなれば作戦専門家です。それが特攻作戦しか思いつかず、「末席の少壮士官」たる飛行隊長に代案を問うているのです。

足元を見ている、と、少佐は思いました。どうせ他に作戦などあるわけがないと、相手は高をくくっているのです。ならば教えてやろうではないか。胸中にあることをすべてぶちまけました。

「ここに居合わせたお歴々は指揮官、幕僚でありながら、みずから突入する人がいません。必死尽忠と言葉では勇ましく仰せですが、敵の弾幕をどれだけくぐってきたというのですか？　失礼ながら私は回数だけでも、ここにいる方々の誰よりも多く突入してきました。この中に、一人でも先頭に立って特攻をしようという方はおられないのですか。今の戦局に、指揮官みずからが死を賭しておいでですか？　飛行機の不足を特攻戦法の理由の一つに挙げておられますが、さきの機動部隊来襲のおり、分散擬装を怠って飛行場の列線に戦闘機を並べたまま、いたずらに焼かれた部隊のなんと多いことか。燃料不足で訓練が思うにまかせず搭乗員の練度低下を理由の一つにされていますが、指導上の創意工夫が足りないのではありませんか？」

少佐は寸時言葉を切り、ぐるりと参謀を見舞わしてから断言しました。

「私のところでは飛行時数二〇〇時間の零戦操縦員もみな夜間洋上進撃が可能です。死を覚悟で教育し、教育される側も死を覚悟している。それくらい徹底して訓練すれば、敵戦闘機群にあえなく落とされるようなことなく、敵に肉薄し死出の旅路を飾れるのです」

一般的な零戦操縦員は夜間洋上飛行を行いません。それを行おうとした場合、六〇〇〜七〇〇時間の飛行経験を要するといわれています。二〇〇時間で夜間戦闘が可能になるというのは、実に驚異的なことというべきなのです。

あまりに過酷な訓練であるがゆえに殉職者を出してしまったことも事実です。二月二十日の夜間洋上飛行訓練では、門間秀夫少尉が連絡を絶ち、どうやら遠州灘沖で墜落してしまいました。航空機の不調なのか、操縦員のミスか、あるいは天候の急変なのか、原因はわかりません。遺体も機材も、まだ見つかっていません。

美濃部少佐の瞼には、最後に見た門間少尉の姿、やる気満々の笑顔で零戦に搭乗した時の姿が焼き付いていました。

隊員達は泣きたいような気持ちで過酷な訓練に耐えている。それを理解しようとしない参謀に対して、やるせない思いが募りました。

ここまで述べても参謀は動じないふりをしています。

何を言っても無駄なのか？　言わせるだけ言わせて、特攻の命令を下そうというのか？

「もう一度言います。劣速の練習機が昼間に何千機進撃しようと、グラマンにかかってはバッタのごとく落とされるだけです。二〇〇〇機の練習機を特攻に駆り出すというのなら、その前に、それだけの成算があるということを、まずはここにいらっしゃる方々が、練習機に乗って攻撃してみるといいでしょう。私が零戦一機ですべて撃ち落として見せます！」

「我々を愚弄するのか！」

参謀は絞り出すような声で言いました。しかし、もはや少佐に言うべき言葉はありません。最後にひと言、

「我が隊を見にきていただきたい。百の言葉を並べるよりも、実際にどんな成果が出ているのか御覧にいれます。我が隊では夜間訓練に打ち込んでおり、隊員の士気も上々です」

苦々しい空気が流れました。

参謀は、わかった、もうよい、と短く言い放つことでとりあえずの体面を保ち、会議を進めました。

結局、特攻主体の戦法をとるという大筋が変わることはありませんでした。作戦会議といえども「作戦」はすでに決まっていて、それを確認するだけの、いわば形式的な会議でしかなかったのです。

繰り返し述べますが、美濃部少佐は特攻作戦もやむを得ないと考えていました。しかし、どうせ行うのであれば、戦果を挙げる方法をとるべきだとしていたのです。

米軍は特攻に対応するために、正規空母を中心に、戦艦、巡洋艦、駆逐艦などを幾重にも巡らせ、射撃指揮レーダーや近接信管を駆使して対空弾幕を構築、レーダーピケット艦をその外周に配置して、早期警戒発見により迎撃戦闘機を大量に運用しています。

このことが何を意味するのか。

かえって特攻の有効性を示してはいないでしょうか。

戦中から戦後にかけて、大東亜戦争における日本軍の戦果、特に特攻作戦についての戦果は、長らく秘匿されてきました。しかし、戦後五十年を過ぎる頃から米軍の機密文書も徐々に公開されはじめ、ここにきてようやく特攻作戦についても、その全貌と事実関係が明らかになってきています。

ワシントンにおいて戦争末期に承認された日本本土進攻作戦計画文書の機密指定が解除されたのは、平成十八（二〇〇六）年。この文書は「オペレーション・ダウンフォール」と名づけられ、第一段階である九州進攻作戦と関東平野に対する進攻作戦の二つから成り立っているとのこと。

この文書では九州進攻作戦だけでも二十五万人にのぼるアメリカ軍の戦死者が出ると推定されていました。日本は軍民が特攻攻撃を休みなく行うからであり、それによりアメリカ軍に多量の出血を強いることになるだろうと予測されていたからです。どれだけ多量の兵器と兵士を用い、念には念を重ねた特攻防御策を用いたとしても、なお甚大な被害を特攻攻撃によって蒙ることになるであろうと推測されていたのです。

元自衛官の方にもご助言を求めたところ、以下のようなご意見をいただきました。

「フィリピンでは六五〇機のうち一七四機が命中しています。割合にすると二十六・八％になり、非常に高い命中率です。撃沈は十九隻、損傷は一〇二隻。損害は公表されていないものの、撃沈する場合、一隻で五〇～二〇〇名が死亡するため、一〇〇〇人以上の死者が出ることになります。日本側が一七四機・二〇〇名前後の犠牲に対して米軍の損害は一〇〇〇人を超えているということは、比率にすると「一対五以上」ということになる。効果が薄いどころか、たいへんな戦果となっていることがわかります。

しかしながら二十年四月からの菊水作戦では命中率は十四％前後に低下。これは周到な敵の防御策が功を奏したことが考えられます。ただし、日本側約三〇〇〇人に対して米軍は五〇〇〇人近くの戦死者および五〇〇〇人近くの負傷者を出しています。米軍にとって三ヶ月余りで五〇〇〇人の人命を失うのはたいへんなダメージであったことが考えられます。ちなみに沖縄戦に参加した第五艦隊司令官レイモンド・スプルーアンス大将は、第五艦隊参謀長カール・ムーアー大佐にあてた手紙に『特攻は非常に効果的な兵器であり、我々は決して軽視することはできない』と綴っています。また、増え続ける特攻からの損失に音を上げて海軍上層部に切実なる意見具申をしています。『艦艇の喪失と被害の割合が極めて高いので、今後の攻撃を阻止するために、あらゆる手段を採用すべきである。第二〇空軍（B－29）を含む投入可能な全航空機をもって、九州の飛行場に対し実施可能なあらゆる攻撃を加えるように意見具申する』とあるのです。スプルーアンス自身も、沖縄で二度にわたり座乗していた旗艦に特攻の突入を受けており、よほど切迫していたのではないかと考えられます」

前出の『大東亜戦争で日本はいかに世界を変えたか』で、加瀬英明氏は「ワシントンが、日本本土を進攻するのに当たって、もっとも恐れていたのが、アメリカの世論が耐えることができないほど、甚大な戦死傷者を強いられることだった」と書いていますが、元自衛官の方も「日本と米軍では人命に対する意識の差があった」と話しておられます。それは日本軍が戦果や損害を艦艇や航空機など「物」による数値で判断するのに対して、米軍は死傷者数つまり「人」の数値で判断することにも表れています。どちらが良いとか悪いとかではなく、あくまでそうした慣習であるということです。そうした慣習があるだけに、米国にとっての人的被害は、その数値以上に精神的なダメージとなった。

そう考えてくると、なぜ特攻に関する報道が米国で断固禁じられ、その後も特攻による戦果が明らかにされなかったのかがわかってきます。「特攻」という有効な戦果を挙げる「理解できない狂人的行為」を前に、その恐怖と絶えず戦わなければならない状況は米兵の精神の平衡を失わしめるためには十分すぎる効果がありました。

特攻作戦を擁護するわけではありません。

しかし、今なお無駄死にだったとする声が少なからずある現状を鑑みれば、必ずしもそうではないということを示していく必要はあるでしょう。「無駄死に」と判断する人の多くは特攻隊を気の毒だと思っているようですが、「命を無駄にした」などとすることのほうがよほど気の毒です。

美濃部少佐が没してまもなく二十年になりますが、この二十年間には、少佐の知り得なかった大東亜戦争の事実が次々と明らかになってきています。

少佐の発言は、ともすれば日本軍が行った特攻作戦は単純な猪突猛進であり、非効率で戦果も望めないと受け止められる向きがありますが、それは戦時中ないしは今から二十年前の認識に基づいているということを、読者の方々には心に留め置いていただきたいと思います。

5　徳は孤ならず

数日後、藤枝基地に横須賀鎮守府の幕僚が視察にやってきました。

美濃部少佐は錬成方針などを説明しつつ、実際の訓練を披露。会議で少佐が力説したことは大げさでも何でもないことを幕僚は目の当たりにしました。

ちなみに、三月十日の時点で芙蓉部隊の搭乗員数は三個隊合わせて二二六名（操縦員と偵察員の合計）で、このうち夜間洋上飛行をこなせるのは六十名に達していました。実に全体の約二十六％以上にもなります。第一航空艦隊、第二航空艦隊、第五航空艦隊に所属する部隊から、芙蓉部隊をのぞいた平均値は十三・三％。つまり、芙蓉部隊における夜間戦闘が可能な搭乗員は倍にもなるわけです。技量の高さはおのずから知れるところです。

結果的に、芙蓉部隊は特攻編成から外されました。

隊員のすさまじい熱意と成果に、異例の変更となったのです。

のみならず、少なからぬ参謀が美濃部少佐を弁護し、支援する姿勢をとっていたことも大きかったと言うべきでしょう。

日本海軍という巨大組織の中枢部にある参謀は、それぞれが思うに任せぬ実情の中で、言いたいことも言えずにいました。たとえそれが正義であるとわかっていても、良きにつけ悪しきにつけ大局に立った時、貫くことによってかえって調和を乱し、団結力を失わしめるということがあるのです。

美濃部少佐の意見に賛同する思いがあったとしても、会議の席上で表明することは憚られるという現実がありました。心の中で「美濃部、よくぞ言った」と快哉を叫んでいたとしても、素知らぬ顔をしていなければならない事情もあったのです。

彼らは波風を立てないように配慮しつつ、美濃部少佐の主張を擁護したのでしょう。寺岡謹平中将をはじめ司令部の有識者の何人かは、美濃部少佐に思うままやらせてみようではないかと意見を一致させ、動いたようです。夜襲という奇襲攻撃を行うことによって特攻の戦果は有効となるだろうということは、冷静に考えればわかることでした。

「徳は孤ならず、必ず隣有り」といいます。

信念を貫こうとする時、風当たりが強いいっぽうで、真の同志を得られるものです。

美濃部少佐の主張には、いっさいの私心がありませんでした。これにより自分の立場を優位にしようなどという思いは欠片も無く、それどころか捨て身で「これが義である」と信ずるところを説いたのです。

もしその真心、つまり、「誠」がなかったとしたら、人を動かすことは出来なかったでしょう。従って同志も得られず、主張を貫くことも能わなかったはずです。

美濃部少佐は「武士はことあげせず」ということを述べていますが、もともとは、武士は主君の言いなりになどなってはいなかったのです。それは偽りの忠義とされていました。もし主君に過ちがあれば、一命を賭してでもお諫めし、主君を正道へと導く、それが忠臣たるべきものとされていました。

美濃部少佐の岳父が会津藩士の血を引くことはすでに述べたところです。明治維新において会津藩は逆賊の汚名を蒙ることになりましたが、むしろ武士道を貫いたのは会津であったと言っていいでしょう。質実剛健で知られる会津武士の精神の根源には会津藩士がこぞって学んだ『日新館童子訓』の教えがあります。同書には以下のようにあります。

「臣下にとって、主君を諫めることより大事な務めはありません。臣下が主君を諫め、主君がそれをよく聞き入れれば、主君の徳も光り輝き、国家は安泰であります。（中略）主君の非道に追従して諫めることもできないようでは、これは不義であって忠臣とはいえません」（『日新館童子訓』松平容頌著　現代語訳校閲土田直鎮　三信図書）

さらには、こうあります。

「男として勇気のないのは、父母に対しても不孝といえましょう。気概がないとか、臆病だとかいうのは、世の中のもろもろの恩恵を受けて生かされている自分というものを考えず、義理を重んぜず、ただわが身のことばかりを思う卑怯未練の心から起こるものです。

人生僅か五十年……人間がこの世に生きている時間は百年にも満たない須臾《しゅゆ》の間です。この短い人生の中で、死すべき時に死ぬ勇気をもたず、言うべき時に言う勇気をもたず、ただわが身大事で卑怯未練にだらだらと生きるのは、たとい体は生きていても名前はすでに死に、人には爪はじきをされ、あの男を生んだ親の顔が見たい、と、父母の名まで辱めることにもなりましょう」（同）

美濃部少佐は幼い頃からその父母のしつけやあり方により「己に恥じぬ生き方をせよ」ということを叩き込まれてきました。地主が武士に近い存在であったことは第一章で述べたところですが、父母の教えには武士道の神髄が生きているのです。少佐の勇気ある行いは、この教えに従ったと言えましょう。

日本の軍隊では武士道の教育も行われ、『葉隠』なども教材とされていたようですが、その有名な一節「武士道とは死ぬことと見つけたり」も、単に「潔く死すこと」と教えられたようです。「軍の命令は天皇の命令であると心得よ」という絶対服従の姿勢を植え付けるために、武士道が都合よく利用されてしまったのではないかと思います。

木更津での会議と、その数日後の視察が行われ、二月も晦日となった二十八日、新たな内示がありました。

「美濃部正少佐を第一三一航空隊の飛行長に補す」

つまり、名実共に美濃部少佐は三個隊の指揮官となったのです。

これまで実質的には三個隊を統括指揮する立場にあっても書類上は戦闘九〇一飛行隊の飛行隊長に過ぎませんでした。それが第一三一航空隊の飛行長に昇格したため、三個隊の指揮官として認められたのです。それればかりか、今後、一三一空に所属する部隊の指揮を、一手に引き受ける立場となったのです。

6　東京大空襲

昭和十九年の十一月以降、米軍機による本土への空襲は日を追うごとに増えていきました。

米軍は高高度から軍需工場などを狙って空爆を行うことによって、日本軍の戦力を奪おうとしたのです。

それが昭和二十年三月十日の東京大空襲を境に、民間人の殺傷を目的とした無差別爆撃が行われるようになりました。三月だけでも十三日の大阪大空襲、十七日の神戸大空襲と大都市を狙っています。大量虐殺を行うには人口密度の高い都市部が効率的なためです。

三月十日の午前零時七分、高度一六〇〇～二〇〇〇メートルから焼夷弾が落とされました。この日は折からの季節風が吹いていました。効率的に都市を焼き尽くすため、予報を分析して三月十日を米軍は選んだのです。

三二五機のB－29爆撃機が襲来。一機あたり通常の二倍量にもなる六トンもの高性能焼夷弾を搭載していました。投下された焼夷弾は三十八万一三〇〇発、総量にして一七八三トンにもなるといわれています。

深川、本所、浅草、日本橋……天をも焦がす勢いで猛火は広がり、さらには現在の港区あたりから世田谷、大田、品川、目黒区、豊島区や渋谷区と被害は広範囲に及びました。

あちこちで炎の竜巻が起こり、逃げ惑う人々の行く手を阻みました。文字通りの火の海に包まれて、人々はもがき苦しみながら亡くなっていったのです。

被害は死者約八～十万、負傷四～十一万とされ、罹災者は一〇〇万人を遥かに超えていました。単独の空襲による犠牲者数は、東京大空襲が世界史上最大とされています。

このような非戦闘員たる民間人に対する大虐殺は明らかなる国際法違反でした。むろん二度の原爆投下にしてもそうです。

当時の戦時国際法である『ハーグ陸戦規則』には、無差別の攻撃を禁止する規定が第二十五条から第二十七条にかけて設けられています。米国は大東亜戦争において、非戦闘員の無差別殺戮という罪を犯したことになるのです。もっとも、この戦争犯罪が国際軍事裁判において裁かれることはありませんでした。

東京大空襲や原爆の投下など本土攻撃による被害を、日本政府や日本軍の愚策が原因であるとするむきがあるようですが、それは論理のすり替えというべきでしょう。百万歩譲ってそうだったとしても、「日本国民を無差別に殺傷する計画を立て」て、「それを実行しようと決断」し、「実際に焼夷弾を雨の如く降らせた」のは米国であり、この事実は未来永劫変わらないのです。

戦後間もない頃、およそただ一人、トルーマンの大罪を指摘した元軍人がいました。石原完爾です。

「トルーマンが第一級の戦犯だと、ジェネラル（注・石原のこと）はいわれるがそれはどんなことでしょうか」という外国人記者（AP通信およびUP通信）の質問に対して次のように答えています。

「彼は大統領に就任したとき、日本国民が軍閥に協力して、戦争を継続するならば、老若男女の別を問わず爆撃する、といった。彼はその通りB29をもって、日本の都市を空爆し、数百万の無罪の生命を奪い、見るも無惨な、残虐行為を敢えてした。これは何たる野蛮行為か。非戦闘員を殺したことはもちろん国際法違反である。世界の道義心に訴えても、輿論《よろん》を喚起すべき性質のものだ。戦時中日本軍人が多くの悪いことをしたことは否定しない。私はとくに東亜諸民族に対しては、平身低頭謝罪する。しかし一国の末端兵士が、戦場の興奮によって、非戦闘員を侵害するということは往々にしてあり得ることだ。無論、いむべき行為である。トルーマンの行為こそ、戦犯第一級中の第一級の行為である。今日いかに戦勝国がこれを抗弁しようとも、第三者と、後世の人類によって、歴史的審判を受けることは、まぬがれるものではない。一国の大統領ともあろう者が、かかる野蛮行為を敢えてして、しかも恥ずるところがない。われわれはかかる者を相手にして戦ったことは、なんとしてもはずかしい。君らはいかに思うか。トルーマンが第一級戦犯であることは、明確に意識して貰いたい」(『東亜の父 石原莞爾』高木清壽　錦文書院)

ちなみに原爆投下については、すでにルーズベルト大統領が昭和十九年の段階で決定していました。それをトルーマンが踏襲したのです。

この質問をした外国人記者らはマッカーサー司令部と他社を出し抜いてスクープレス無電で本社に送電、大見出しをもってアメリカ新聞に報道されたとのこと。

裁判において「戦勝国は罪を問われない」などというルールはないはずで、そうである以上、米国の戦争責任に対する追求は、戦後七十年余り経過して今なお日本国の「宿題」となっているといっていいでしょう。

7 いざ出陣

三月二十六日、硫黄島では栗林中将以下約四〇〇名の将兵が最後の突撃を敢行しました。これをもって組織的な抗戦は終わったのです。そしていよいよ沖縄が上陸の危機を迎えるに至りました。

同じ日、米軍は約一五〇〇隻もの艦艇および兵員数約五十四万八〇〇〇人を沖縄へ差し向けたのです。

連合艦隊は沖縄へ上陸せんとする米軍を迎え撃つために「天一号作戦」を下命。

本土防衛部隊としては約三〇〇機を残すのみとし、あとの陸海軍の全航空兵力約二〇〇〇機を続々と南九州地区へと進出させました。練習航空隊も教育訓練を中止、実用機はもとより練習機も特攻隊として編成。さらに、戦艦大和を旗艦として、残存水上部隊約二十隻が沖縄に突入する態勢に入りました。つまり、日本軍は残る戦艦のすべてを投入したのです。

この天一号作戦に伴い、芙蓉部隊も鹿児島の鹿屋基地へと進出することとなりました。

三月末の時点で芙蓉部隊は「彗星」五十機、零戦二十機を保有していました。そして、三月三十日に「彗星」三機および零戦二機、三十一日には「彗星」二十五機と零戦十機と、錬成が完了した計四十機を出陣させることになったのです。

両日とも晴天に恵まれました。芙蓉部隊の隊旗が東風に翻っています。

美濃部流夜襲訓練を開始して二ヶ月余り、芙蓉部隊の隊員はいずれも選りすぐりの強者に成長していました。いよいよ出陣とあって士気は最高潮です。

第一陣の構成は、まず飛行長・美濃部正少佐。そして、川畑栄一大尉、高木昇大尉、徳倉正志大尉、野田貞記大尉、山崎良左衛門大尉、小川次雄大尉、井村雄次大尉と幹部が続きます。さらにそのうえで技量の高い隊員が選出されました。

砂埃を舞あげながら、次々と離陸していく零戦に「彗星」。見送る隊員たちは軍帽を手に高く掲げちぎれんばかりに振っています。万歳三唱の声、頼んだぞ、という声援。残った隊員は、一日も早く自分も戦闘員として選出されたいと願い、ますます訓練に励むのでした。

日本海軍の鹿屋基地は大隅半島のほぼ中央に位置しています。沖縄戦の際には、この鹿屋からも多くの海軍特攻隊が飛び立っていきました。鹿児島湾を挟んだちょうど反対側には陸軍の知覧基地があります。芙蓉部隊は、主としてこの二つの基地から飛び立っていった特攻隊を支援し、共に戦ったのです。

さすが本州に比べて温かい。

鹿屋基地に降り立った美濃部少佐は思うのでした。風に平絹のようなやわらかさを感じます。早いところでは桜が咲き始めていました。

第一陣が集合すると、美濃部少佐は訓示を下しました。

「いよいよ決戦の時が来た。我々芙蓉部隊の真価が問われている。これまで訓練を積み重ねてきたが、実際の戦場では何が起こるかわからない。ひとつ約束して欲しいことがある。決して無理はしないことだ。機体がおかしいとか体調が悪化したとか、とにかく何か異変が起きた時には絶対に無理をするな。いいか、死ぬ時は死ぬ。死に急ぐことはない。それよりも帰還して戦い続けることの過酷さに耐えて欲しい」

美濃部少佐は自ら特攻を選ぼうと密かに思っている隊員もいることをわかっていました。自ら行くのであれば仕方なしとしながらも、やはり帰ってきて欲しいと願わずにはいられないのです。

平均年齢二十歳〜二十二歳。祖国のために殉死する覚悟のある純粋な若者たちばかりでした。

四月一日、作戦行動が開始されました。

一日〜五日までの五日間、天一号作戦における芙蓉部隊の任務は敵機動部隊の捜索でした。沖縄方面を中心に、都井岬南東の海上、屋久島・奄美大島方面海上、種子島南方海上を索敵。最も多く出撃したのは二日と三日の未明で、「彗星」五機に加え零戦十二機を出撃させています。

鹿屋から沖縄方面へは直線距離にして約一四〇〇キロ。「彗星」と零戦いずれも作戦行動半径は二〇〇〇キロ前後なので、余裕があるとはいえません。途中で燃料切れになり墜落してしまうことも考えられます。特に経験の浅い搭乗員には困難でした。そこで芙蓉部隊では帰途に燃料不足になった場合は喜界島に降りて補給する手はずを整えました。

この五日間の索敵は、いわば腕慣らしの助走期間といったところです。藤枝と鹿屋では気象条件一つとってもまったく異なるのです。現場の状況に慣れることが先決でした。

索敵に出た「彗星」や零戦はほとんど無事に帰還しましたが、五日、「彗星」一機が着陸すると同時に火災を起こし破損しました。

乗っていたのは坪井晴隆飛行隊長と原敏夫中尉。着陸態勢に入った際、コース上に他隊の零戦が止まっていたのに気づくことが出来ず接触、たちまち燃料タンクに引火して未使用のロケット爆弾が炸裂し、機体は炎に包まれました。「彗星」は機首が長いため着陸時は前方が見えなくなってしまう上、後席の原中尉は初陣で周囲を見回す余裕が無かったのです。

二人は機体から転がり落ちるように脱出、炎をかいくぐってなんとか命だけは助かりました。原中尉は重傷で救急車で運ばれたものの、坪井飛行隊長は顔と腕のやけどだけで済んだのです。

ちなみに天一号作戦が行われた四月一日、米軍は沖縄本島南西部の読谷村（北飛行場）と嘉手納（中飛行場）へ上陸。両飛行場は米軍に易々と占拠されてしまいました。

四月六日からは本格的な戦闘がはじまりました。

沖縄の米軍に対して陸海軍総力を挙げて特攻作戦を加えた攻撃を「菊水作戦」といい、四月六日の一号から六月二十二日の十号まで、実に十回にも及ぶ作戦行動となるのです。

菊水一号作戦が行われた四月六日から十一日のうち、芙蓉部隊は六日、七日、八日、十一日と四日間出撃。そのうち六日と七日は、大きな戦果を挙げました。

六日、「彗星」八機と零戦六機が午前三時十五分発進。

中野上飛曹と清水少尉の搭乗した「彗星」が嘉手納海岸付近の敵を七・七ミリ機銃で銃撃し、さらにロケット爆弾四発を大型輸送船に命中させ炎上。高角砲を無事に切り抜けて鹿屋に着陸しました。

いっぽう、高木大尉・羽村飛曹は巡洋艦にロケット爆弾全弾を命中、波多野飛曹・有木飛曹の「彗星」も沖永良部島で敵輸送船を攻撃。零戦隊では、西沢飛曹が大型輸送船を攻撃し、火の手が上がったのを確認しています。しかし、この日は零戦二機が未帰還となりました。

翌七日は陸軍の特攻隊の誘導と電探欺瞞紙散布による陽動行動が任務です。出撃数は「彗星」三機、そのうちの一機に大沼宗五郎少尉と宮田治夫少尉が搭乗しました。

美濃部少佐は出撃前の二人を目にした際、嫌な感じを抱きました。その表情が、フィリピン戦で見た、特攻に向かっていく直前の教え子とそっくりだったのです。

果たして二人は帰着しませんでした。

離陸してから一時間半ほど経過した午後三時四十三分、沖縄の東北東一八〇キロ地点からの打電「敵空母四隻見ユ」を最後に消息を絶ったのです。

陸軍の特攻機を的確に誘導し、敵空母に突入したのを確認すると、二人を乗せた「彗星」は旋回したと思いきや、まっしぐらに飛んでいき体当たり攻撃を加えました。「彗星」一機、未帰還。芙蓉部隊における、最初の特攻となりました。

菊水一号作戦では、特攻作戦として一六二機が出撃、うち五十機が未帰還となっています。戦果は駆逐艦等を六隻撃沈、空母等十六隻が大破もしくは中破。陸海軍が一体となり必死の攻防が繰り広げられていたことがこの戦果からもわかります。先陣を切って血路を開いた芙蓉部隊の役割は大きかったといっていいでしょう。

しかし一方で、七日に戦艦「大和」が撃沈。軽巡洋艦「矢矧」と駆逐艦四隻も沈んでしまいました。この日をもって日本軍の水上兵力は、事実上、完全に失われたのです。

戦艦「大和」は日本海軍の誇りであり、象徴的存在であるだけに、撃沈されたという事実は、大きな精神的ダメージにもなりました。

奇しくもこの七日は、鈴木貫太郎内閣が成立した日でもあります。

鈴木貫太郎は昭和天皇の強い要請により首相に就任したといわれます。幕末生まれの鈴木貫太郎は青年時代に海軍軍人として日清・日露戦争を経験しました。二・二六事件で重症を負うも奇跡的に一命を取り留めています。枢密院議長および侍従長も務めており、鈴木貫太郎夫人も天皇の養育係を務めていました。昭和天皇にとってどんなことでも話せる相手であり、戦争を終結させることができる者は、鈴木貫太郎をおいてほかにないと思し召したのでしょう。昭和天皇の意を汲んでいた鈴木貫太郎は閣僚人事に際して「一命を賭してでも戦争を終結させる」という覚悟のある者を選びました。

戦局は新たな段階へと突入していったのです。

第五章　岩川秘密基地

1　奮戦

第一陣が三月晦日に鹿屋基地へ移動して以来、四月はほぼ連日の出動となりました。芙蓉部隊の任務が「空母や巡洋艦など敵艦隊および敵基地航空部隊への攻撃」「特攻機の誘導」「索敵（敵の捜索活動）」であったためです。作戦攻撃がない日でも敵の動きを逐一察知するために索敵は欠かせません。第一陣の隊員は息つく間もありませんでした。

四月の戦闘は、別の意味での戦いも含まれていました。

芙蓉部隊は特異な存在です。美濃部少佐による独自の夜襲攻撃がどれほどの戦果を挙げられるのか、実戦で成果を見せなければなりません。つまり、特攻に勝るとも劣らない戦果が求められているのです。

もしそれなりの戦果が得られず、その存在意義を認められなくなった場合、特攻に組み込まれる可能性は大いにありました。ゆえに全力を挙げて戦い、周囲を納得させるだけの戦果を挙げなければならなかったのです。

独り、古来伝承の通常作戦に固執する若年少佐指揮の夜襲隊芙蓉部隊の立場は、風にそよぐ葦に似ていた。沖縄反撃の実効果が特攻を凌いでこそその存続が許される。

隊員は、皇軍権力から死の突入を命ぜられなくとも、自らの報国の誠から進退を判断した。

美濃部少佐は「芙蓉部隊は人間努力の極限に挑戦した」と述べています。それは特攻とはまた別の意味で極めて過酷な戦いであり、無謀を承知で命令を下すことにもなったのです。

これまでの海軍航空の常識を越えた、無謀な作戦を敢えて零戦隊に命じた。九ヶ月前私が零戦転換六ヶ月訓練時間二十時間の時、房総沖一〇〇〇キロ、夜間米機動部隊索敵飛行の経験から、その難しさは特攻に劣らぬ決死的任務であった。

それを承知の至難な大遠距離夜間襲撃は、「特攻に反対した芙蓉部隊の鼎《かなえ》の軽重を問われる冒険的作戦」であった。

南九州は四月八日以降、雨続きで索敵・攻撃ともに困難な状況でした。それは搭乗員にとってはつかの間の休息にはなりましたが、米軍にとっては格好の戦闘準備期間となったのです。沖縄の北飛行場と中飛行場は整備が進み、多数の戦闘機が配備されるに至りました。艦艇からの対空射撃のみならず、大量の戦闘機によって特攻を阻止するとともに、南九州方面への空襲の準備が万端整ったというわけです。

四月十二日、菊水二号作戦開始。

大量の特攻攻撃を用いた菊水一号作戦で敵機動部隊にかなりの打撃を与えることができたと判断した司令部は、さらなる特攻出撃を要請してきました。そのため菊水二号作戦では主として練習機による特攻によって艦船群を襲撃し、その一方で整備が進んだ北飛行場と中飛行場を攻撃、その活動を阻止することを目標としました。

鹿屋基地進出以降、九回の作戦を終えた芙蓉部隊は、未帰還は三機・四名と比較的少ない損失で済んでいます。

菊水二号作戦における芙蓉部隊の任務は北および中飛行場の攻撃となりました。飛行場攻撃を命じられたのは芙蓉部隊のみで夜襲部隊の目標が、艦船から地上へと変わったのです。そのため相応の作戦をとらねばなりません。

出撃したのは「彗星」九機と零戦八機。しかし出撃後、エンジン不調や燃料漏れなどの不具合が相次いだため七機が引き返し、北飛行場へは「彗星」四機と零戦一機、中飛行場へは「彗星」二機と零戦二機と半減しました。少しでも異変があればすぐに戻れという美濃部少佐の指示を隊員はよく心得ているのです。

陶飛曹長と川畑大尉が搭乗した「彗星」が目的地の北飛行場の上空に達したころには空が白み始めていました。すでに他機が攻撃した後で、飛行場とその周辺から地上火器による炸裂煙が立ちのぼっています。

目標目指し高度を下げる。陶飛曹長・川畑大尉の「彗星」は、火の粉のような弾幕を回避しつつ高度二〇〇〇メートルから緩降下、爆弾を投下しました。飛行場に火の手が上がる。攻撃成功です。戦果を確認したところで北方向へと飛び去りました。

しかし、その帰途で敵機と出くわしたのです。気づいたときには米軍機は真後ろにつけていました。「しまった」と川畑大尉が思ったとほぼ同時に敵機は斉射、弾がエンジンと操縦席に命中し「彗星」は火を噴きました。操縦席がたちまち火に包まれていきます。

「落下傘降下！」

操縦席の陶飛曹長が夢中で叫びましたが、後席の川畑大尉から返事がありません。すでに敵弾が貫通して動かなくなっていたのです。

顔と腕にやけどを負いながらも機外へ脱出した陶飛曹長は落下傘で降下。川畑大尉を乗せた「彗星」が炎に包まれながら恩納岳《おんなだけ》へ墜ちていきます。その様子を最後まで凝視していた陶飛曹長は、後日、墜落地点を探索し川畑大尉の頭部を発見、手厚く葬りました。

いっぽう零戦三機のうち西沢一飛曹は戦場に殺到するや猛攻を加え、最後は零戦ごと飛行場に突入し自爆、壮烈な最期を遂げました。その他の零戦は途中で通信が途絶え、いずれも未帰還。

さらに夜が明けてから「彗星」二機が特攻機の突入を助けるため電探欺瞞紙散布に出動したものの、エンジン不調との打電を最後に未帰還となりました。

この日に進撃した十一機のうち、鹿屋に帰還したのはわずか二機。十三名もの隊員が一度に失われました。四月十二日の作戦は芙蓉部隊の全作戦の中でも最大の損害を出すに至ったのです。特に名飛行隊長の川畑大尉の戦死は大きな痛手です。

翌十三日からの三日間は索敵攻撃および陸軍特攻機の誘導任務に戻りました。全機帰還を果たしたのはせめてもの慰めでした。

ちなみに菊水二号作戦における特攻攻撃では四七八機が出撃し一一八機が未帰還、戦艦三隻に損害を与えたほか、特攻機「桜花」が駆逐艦を撃沈させています。

その一方で、菊水二号作戦最終日の十五日午後、鹿屋基地とその周辺が敵艦上戦闘機に襲撃され、十数機もの損害を出しました。美濃部少佐は苦々しい思いで「飛ばないまま焼かれる」戦闘機を見つめていました。

なぜ何の対策も行わないまま戦闘機を並べておくのか。これでは焼いてくれと言わんばかりではないか。

芙蓉部隊では空襲による機材の損失を避けるため、この時からすでに秘匿作戦を行っていました。それは岩川基地を拠点とするようになった際、余すこと無く発揮されるのです。

2　我卑怯にあらず

藤枝基地から鹿屋基地へ出陣して半月。芙蓉部隊第一陣は早くも搭乗員の三分の一、機材の半数を失っていました。そんな折、第二陣が到着したのです。四月十五日、ちょうど鹿屋基地が襲撃された日で、基地内はやや騒然としていました。

第二陣は引率指揮を執る江口進大尉をはじめ、石田貞彦大尉、小川次雄大尉、依田公一少尉など実戦経験者ばかりです。

「待たせたな」

「おう、待ちくたびれたぞ」

第二陣の隊員たちは、第一陣の疲労が予想以上に濃いことを即座に見て取りました。川畑大尉をはじめ戦死者も少なくなく、人数が思った以上に減っていたことも衝撃でした。

「まあ、見ての通りだ。しかし、戦はこれからだ。よろしく頼む」

江口大尉は「任せておけ」と力強く応じました。

やがて輸送機のダグラスが着陸。次々と降り立ったのは十名の熟練整備員です。搭乗員はもとより整備員がまったく不足していたため、美濃部少佐は整備隊の到着を心から喜びました。

戦果は整備が物を言うといっても過言ではないのです。適切なメンテナンスが行われていれば、飛行機の不具合により搭乗員を失うこともありません。また、戦闘による損傷も逐一修理されれば、おのずから機材の稼働率も上がります。

ダグラスには第一陣で負傷した隊員が乗り込みました。藤枝基地へ戻って治療養生し、英気を養うのです。

「俺たちがいるから安心してしっかり治してこいよ」

第二陣の隊員たちは笑顔で送り出しました。


翌十六日からは早くも菊水三号作戦が実行されます。

十二日のような損害を出さないためにはどうすれば良いか。美濃部少佐は対策を考え、作戦会議で隊員に話しました。

なんといっても第一の問題は夜間の長距離飛行なのです。最短の直線距離で目的地に到達できれば良いのですが、天候・技術・敵の状況その他多くの条件によってそれは左右されます。燃料を使いすぎれば帰投は困難となり、未帰還の原因となります。

「往路は敵の夜戦待機空域だと思われる奄美大島を迂回して島伝いに飛ぶ。帰路は洋上直線飛行としよう。燃料不足による不時着を防ぐために、『彗星』は二時間十分、零戦は二時間三十分飛んで沖縄を見つけられなかった場合、攻撃を断念して戻る。これでいこう。戦いはこれからだ。戻ってくることも大事な任務であると思ってくれ。戦闘時間はこれまで通り十五分とする」

四月十六日午前二時。陸洋爆弾一発を積んだ「彗星」三機と銃弾を満載した零戦三機が沖縄を目指して飛び立ちました。

午前四時二十分、高木大尉・羽村一飛曹の「彗星」が北飛行場の滑走路へ投弾、敵の弾雨を突破した加治木少佐・関上飛曹の「彗星」も中飛行場滑走路に投弾命中、残る「彗星」と二機の零戦も襲撃に成功しました。各機ともに訓示の通り帰路は洋上直線飛行で鹿屋を目指します。

しかし照沼光二中尉だけは零戦を駆って弾丸が尽きるまで掃射を続けていました。「戦闘時間は十五分」という美濃部少佐の作戦指示を破って執拗に銃撃を強行、最後に体当たり攻撃を敢行したのです。一ヶ月前に二十二歳の誕生日を迎えたばかりでした。

照沼も逝ったか……。

報告を聞きながら、美濃部少佐はじっと目を閉じていました。

「全力特攻」の指令のもと全軍挙げて特攻作戦を展開する中で、芙蓉部隊だけは唯一、夜間奇襲攻撃作戦を行っていました。将兵の中には「なぜ芙蓉部隊だけが」と不服とする者もあり、中には公然と批判する者もあったのです。

「お前らの部隊は卑怯だ」

「卑怯なものか！」

「ではなぜ特攻をしない」

「命懸けで戦っているのは俺たちだって同じだ」

しかし、どれほど説明したとしても理解されないことは多々ありました。理性ではわかっていたとしても、人の心はそう簡単に割り切れるものではないのです。激した特攻兵が日本刀を振りかざしながら芙蓉部隊の兵舎になだれ込んできたこともありました。

軍人として卑怯者の誹りを受けることほど辛いことはありません。隊員の中には「特攻をさせてください」と涙ながらに願い出た者もあります。

しかし照沼中尉からは、一度たりともそうした言葉は聴かれませんでした。むしろ冷静沈着、まったくといっていいほど心の乱れは見えなかったのです。

照沼中尉は、あるいは人知れず静かな覚悟を抱いていたのかも知れません。しかし彼が何を思い、どんな決意を秘めていたのかは、もはや闇の中です。ただあるのは照沼中尉が猛攻の後壮絶な最期を遂げたという事実だけです。

ほどなく、思いがけない打電が届きました。

「沖縄守備の日本陸軍部隊を感奮させた」という内容です。

照沼中尉の戦いぶりが沖縄で日々死闘に喘いでいた陸軍部隊を感動させ、皆が大いなる勇気を喚起したというのです。照沼中尉は、その死に様をもって、生きる力、戦い抜く力を与えたのでした。

美濃部少佐は格別の処遇をして欲しいと功績調査部長にあてて依頼しました。それがせめてもの供養になると思ったのです。

十八、十九日の雨の二日間を挟んで、二十日から二十七日にかけての五日間はもっぱら索敵攻撃に出動しました。

その間、藤枝からは第三陣が到着しています。二十四日および二十五日の両日に「彗星」五機ずつと零戦四機が加わりました。

「彗星」四十機、零戦十四機が揃ったところで、間もなく菊水四号作戦が始まろうとしていました。

3　夜空における車懸りの陣

沖縄を守備していた日本陸軍は、四月上旬に米軍が上陸を開始した時から後方陣地に引き揚げ、反撃の態勢を固めていました。ところが、内地からの航空兵力は乏しく、十分な反攻が出来ない状況でした。

そうした中、四月下旬に陸軍の総攻撃が敢行されることとなりました。それに伴い海軍に対して航空攻撃の要請がされたのです。

沖縄戦の状況を鑑みれば、それがどれだけ切なる要請であるかがわかります。海軍としても空母への攻撃に終始しているうち沖縄を完全に奪われるようなことになっては不利であるとみました。よって陸軍を支援するため、海軍の攻撃力のほとんどを沖縄周辺の艦船と北および中飛行場に集中させることになったのです。

折しも芙蓉部隊は補充の後で戦力も十分でした。美濃部少佐は全力を挙げて出撃することを明言。芙蓉部隊は全航空攻撃の先駆となり、空陸一体の総攻撃をかけることとなりました。

この時、陸海軍の航空機のうち夜間攻撃が可能なのはわずか一五〇機ほど。そうした中で芙蓉部隊は少数ながらも作戦の主力となったのです。

米軍はすでに陸上レーダー基地を完成し、各飛行場に約三〇〇門の対空火器を備え付けていました。日本機は嵐のような閃光の中へと飛び込んでいかなければなりません。

この猛攻の中でいかに戦果を挙げるか。

美濃部少佐は時差をつけながら六度にわたって波状に攻撃を仕掛ける作戦を考え出しました。一晩中敵を眠らせない、緊張と疲弊を強いる作戦です。

軍神・上杉謙信公が川中島の合戦において繰り広げたと伝えられる「車懸りの陣」にどこか似ていました。陸空を舞台としたダイナミックな「車懸りの陣」といったところでしょうか。

出撃するのは第一次から第六次まで合わせて三十五機。芙蓉部隊における全作戦の中で一夜あたり最も多い出撃数です。

天空には煌々と満月が輝いていました。ごくまれに銀鼠色の雲が去来しています。

いよいよ出陣。美濃部少佐は滑走路脇の指揮所に出ると、号令台の上に立ち心中祈りつつ隊員を見送ります。

二十七日午後七時三十四分、第一次攻撃隊「彗星」三機が発進。

弾幕と高射砲弾を電探欺瞞紙を撒きながらかいくぐり、北飛行場に爆弾を投下。火災が起きるのを確認後、東シナ海へと脱出しました。

第一次攻撃隊と間を置かずに出撃した第二次攻撃隊は、対空砲火があまりに激烈なため北飛行場突入を諦めました。しかし、ほどなく艦船を発見、銃撃を加えてから帰路へ。

午後八時過ぎに出撃した第三次攻撃隊は三機が故障で引き返し、「彗星」一機で進撃です。中飛行場に達した際、機体に貼りついたようになって爆弾が離れなくなるトラブルが発生。しかし粘り強くチャレンジし、三度目に投下、飛行場の一角が燃え上がるのを確認しました。

第四次攻撃隊が発進したのは午後十時。

「彗星」三機がエンジン故障で引き返すも、残る五機が果敢に攻撃を仕掛けました。北飛行場滑走路に爆弾命中、中飛行場へも投弾成功、伊江島飛行場の滑走路に大穴を空けるという奮闘ぶりです。

日付が変わって午前零時二十五分、零戦六機の編成で第五次攻撃隊が発進。

飛行艇二機、伊良部島、輸送船を銃撃、さらには北飛行場を駆け抜けるようにして銃弾を浴びせます。

最終攻撃となる第六次攻撃隊が発進したのは午前一時過ぎでした。

「彗星」十二機という編隊が、一機、また一機と夜空に砂埃を上げながら離陸していきます。

機体が中空に輝く満月を受けて鈍く光っていました。

二機が故障により引き返すも、残る十機は一斉に北・中飛行場を目指しました。北・中飛行場では、これまでの襲撃を受けて対空射撃をますます激しくしています。十機の「彗星」は果敢に飛び込み、数分間隔で両飛行場を相次いで爆撃しました。

美濃部少佐は月光を浴びながら仁王立ちし、虚空を睨みつけるような顔で隊員たちの帰還を待っていました。そして、無事の帰着を認めるたびに、静かに頷くのでした。

激しい戦いが繰り広げられた一夜。十七機が爆撃・銃撃に成功、未帰還は「彗星」三機と零戦二機にとどまりました。損害が生じたとはいえ敵に相当な打撃を与えたのです。

零戦と共に彗星夜襲隊が、レーダー装備も電波誘導も無くして、全行程二〇〇〇キロの大遠距離夜襲を繰り返した。これは世界戦史にも例のない至難な離れ業であった。

菊水四号作戦は三十日まで続きました。ちなみに三十日に出撃したのは芙蓉部隊のみです。「彗星」四機、零戦四機の計八機を午前〇時三十分より逐次発進させ、北・中飛行場および伊江島飛行場の攻撃に成功しました。

菊水四号作戦における芙蓉部隊の出撃数はのべ六六機、うち四十三機が銃爆撃を実施。戦死・未帰還は十三名、未帰還機七機、大破および海没四機。芙蓉部隊にとって、まさに正念場といえる戦いでした。四月のほぼ連日に及ぶ作戦攻撃で芙蓉部隊はその実力を示し、中央にまでその名を知らしめるに至ったのです。

この「車懸りの陣」は大きな戦果を挙げましたが、その後、二度と行われることはありませんでした。芙蓉部隊ではそれぞれの作戦における方針をその都度検討し、それに適応すべく自己流の戦法を編み出しています。より有効な攻撃法を常に追求し続けたのです。

それを可能にしたのが戦闘詳報でした。これはフィリピン戦以来、美濃部少佐が行ってきた独自の形式のもので、出撃編成、攻撃目標、戦果、損失に加え、作戦命令に対する自隊の方針、気象条件の注意点、戦闘結果への考察及び反省、各出撃搭乗員のコンディションと功績の詳細、さらには各機の作戦時間表を一目で分かるようにまとめ、その上で敵の夜戦や基地の状況と所見なども盛り込まれています。こうした「現場データ」を累々と積み重ねていくことが、次なる作戦を生み出していくことになるのです。

この方針に基づいて連日の記述に従事したのが平野卓治少尉、渡部栄一少尉、高崎正幸少尉ら三人の飛行要務士でした。ひたすら筆記し続けた彼らにスポットライトが当たることはなくとも、たゆまぬ努力と誠実さは、まちがいなく隊を支える大きな力となっていたのです。

4　岩川基地へ

夜半過ぎから風が湿り気を帯びてきたと思いきや、未明からぽつりぽつりと雨が降り出しました。

五月。

早くも一ヶ月が経ったか。

しかし同時に、もう半年余りも戦ったような気がするのでした。日ごとの出撃、極度の緊張状態が続き、いつ睡眠をとったのか我ながら判然としません。

空が白灰色に明けようとしています。美濃部少佐はつかの間の眠りに就こうとしていました。隊員達はすでに兵舎へ戻っています。早くも寝息を立てていることでしょう。

草木が濃く香っています。さらさらと静かに降る雨でした。すっかり逆立った神経が、少しずつ落ち着きを取り戻していきます。

このまま鹿屋にいるわけにはいくまい。

浅い眠りに落ちていきながら、美濃部少佐は思うのでした。南九州の空襲は、今後いちだんと激しくなることが予想されました。海軍航空隊の拠点と化している鹿屋基地は、どうやら米軍の第一目標にされているようです。対策をしても限界がありました。

芙蓉部隊の本拠地となる基地を探し出さねばならない。

そうだ、そうしよう……と心に決めた時、短く深い眠りに落ちて行きました。


雨で始まった五月、一日と二日は四月末の激闘で疲弊した飛行機を、整備隊が精力的に修繕してくれました。その傍らで搭乗員達は図上演習に励んでいます。たまには休息すれば良いものを、と、美濃部少佐は思うのですが、時を惜しんで積み重ねる努力こそが戦果に繋がっていることをよくわかっているのでした。隊員の一人一人に頭を下げたい気持ちになります。隊員達の努力に報いるためにも、基地環境を整える必要がありました。

五月三日から八日にかけて菊水五号作戦が行われた後、美濃部少佐は基地探しに出かけることにしました。

小川次雄大尉と共に乗用車で鹿屋を出発したのは九日早朝のことです。

「他隊の使用していない基地が望ましい」

「そんなの今時ありますかね」

「わからん。しかし、あるだろう」

美濃部少佐には妙な予感がありました。

まずは志布志湾にほどちかい志布志飛行場を訪れました。不時着用に使っていた基地で、芙蓉部隊機もしばしば降り立ったことがあります。それだけに滑走路もきちんと整備されていました。周囲は開けていて、典型的な飛行場といった感があります。

「だめだな」

美濃部少佐は即断しました。ここまで整っていて、すぐに使える状況にあるというのに、小川大尉は実に意外な気がしました。

「いや、だめだ、上からすぐに見つかるぞ」

このひと言で、小川大尉は美濃部少佐の意図するところを察しました。秘匿ができる環境が望ましいのです。つまり、秘密基地を造ろうとしている……。

「わかりました。もう少し北上してみましょう。確か、この先にも岩川基地がありました。やはり不時着用のようですが、状況はいまひとつはっきりしていません」

「行くだけ行ってみよう」


よく晴れた朝でした。陽射しは眩しいほどで、昼夜逆転生活をしている身には少しこたえます。杉林と落葉樹林が連なる道を、大隅半島の付け根を目指して走る。不意に緑陰が途切れたかと思うと、広大な畑とそこに隣接する集落に出くわします。畑は大半が芋畑のようでした。

岩川という名の小さな町は鹿児島県曽於郡のほぼ中央にあります。つい最近になって高速道路ができたため鹿屋から岩川までは四十分ほどとなりましたが、それまでは二時間ほどもかかっていたということです。岩川は農業と畜産を生業とする静かな町でした。

車は八合原《はちごうばる》といわれる地区にさしかかりました。亀の甲羅のような台地状で、あちこちに森が点在しています。草原では放牧された牛がのんびりと草を食み、耕地では農民が作物の手入れをしています。台地の周辺は谷のようになっており、間道を下っていくと、志柄や大田尾などの集落があるのでした。八合原の北には岩川の市街地が広がっています。

「ここだな」

美濃部少佐は車を降りると同時に言いました。

「ここなら敵に発見されないような基地づくりができる」

鹿屋から三十キロ。乗用車では二時間近くかかりますが、飛行機ならひとっ飛びです。

「しかし、ここは設備がいまひとつ整ってないですね」

「なに、なんとかなるさ」

決断したとなると、恐ろしく行動の早い美濃部少佐でした。小川大尉を急かすようにしながら鹿屋へと引き返し、第五航空艦隊司令部に岩川基地の使用許可を申請。司令長官の宇垣纏中将からはすぐに許可が下りました。四月の戦果で芙蓉部隊の存在が認められていたことが大きかったのでしょう。

「明日から設営に入る。石田貞彦大尉、江口進大尉、津村国雄上飛曹には設営隊の指導にあたってもらう」

芙蓉部隊の本拠地となる「岩川秘密基地」が誕生しようとしていました。

岩川基地の設営は昭和十八年秋に遡ります。

その頃の八合原台地には、月野村字八合原、字竹山、岩川町字竹山という三つの集落がありました。ここに総面積五三〇ヘクタールの飛行場設営が計画されたのです。

計画したのは佐世保海軍施設部で、翌年の昭和十九年には、岩川の曽於郡教育会館の一室に「岩川飛行場設営司令部」を仮設、同年秋には正式に佐世保施設部四一〇部隊としました。

その間に住民の移動が行われています。八合原台地には約四〇戸が居住していました。これらの住民は月野村長の協力で竹山、志柄、大田尾の三集落に移動することとなりました。

そのころ八合原地区に住んでいた方々よると、「家財道具などは大八車やリヤカーに積み、家は解体して引っ越し先に運んで建て直した。村の人みんなで協力し合いながら引越をした」とのことでした。村民総動員で移転が行われたのです。

昭和十九年五月には地鎮祭と起工式が行われ、軍関係者はもとより町長や村長も出席しました。その翌月から工事が始まっています。

飛行場の他、格納庫兵舎、対空通信所、基地発進所、地下発電所、士官宿舎、各兵舎などの設営に加え、用水工事の必要もありました。

岩川飛行場設営隊の技術者を中心に、土木工事は建設会社が請け負いましたが、それだけではとても人員が足りず、地元住民に加え地方から徴用された土工たちも従事、さらには小中学校の子供たちや青年学校、女学校、師範学校の生徒たちによる勤労奉仕も採用されました。従事者は五〇〇名から多い時には一〇〇〇名にも達したということです。

重機は無く、木材や土など重たいものは牛や馬に引かせたほかトロッコを利用しました。人々はスコップにモッコ、ツルハシなどもっぱら手作業です。

こうした設営作業には夏の暑さもこたえましたが、なんといっても冬場の土木工事がたいへんだったということです。

基地の設営に学徒勤労動員で奉仕した小林範三さん（当時十五歳）は、「寒い時期で、とにかく水の冷たさと風の冷たさがこたえた。コンクリートの材料も粗悪なものしか手に入らず、それをひたすらかき混ぜるのはずいぶん骨の折れる作業でした。それでも皆で協力して黙々とやったものです」と状況を語ってくださいました。

この作業に携わったのは鹿児島師範学校一年生三クラスの一二〇名。十名一組でコンクリートと砂を鉄板の上で練り合わせ、手運びで現場に持って行き打ち上げていきます。

あまりに過酷な労働に、時には担任教師が司令部の監督に猛然と抗議する一幕もありました。

「この寒空に裸足でコンクリートを打たせるとはもってのほか、長靴くらい用意しろ！」

司令部の監督に抗議するとはずいぶん勇気のある教師です。それほど生徒たちが痛々しかったのでしょう。しかし、当時ゴム長靴は贅沢品で軍部でも不足していたほどです。生徒たちは何も言わずに耐えたのでした。

作業を終えた後は、手足を洗う水も乏しかったために、やむを得ず汗と泥に汚れたままの状態で、隊列を組んで宿舎に戻ります。八合原の台地は低地と百メートルもの高度差があり、井戸は最低でも五十メートルの深さ、バケツでは水面に届いてもうまく汲み上げることができなかったのです。

夕暮れの迫る中、誰かが軍歌を口ずさむとそれは次第に広まって、最後は皆で合唱しながら歩きました。生徒たちには生徒たちなりの思いがあったのです。

「あの罪のない純真な後ろ姿は永遠に消えることのない詩情であり、それは神の子の姿であった」(『大隅町と芙蓉之塔』)

ちなみに、その頃すでに鉄不足で鉄筋を使えなかったため、代わりに竹筋《ちっきん》を用いて「鉄筋コンクリート」ならぬ「竹筋コンクリート造り」にしています。岩川町には今も地下発電所がほぼ当時のまま残されており、珍しい「竹筋コンクリート」を見ることができます。壁は厚さ一五〇センチ、これを少年たちが手作業で造ったのです。

滑走路の工事も難航しました。

飛行場には南北に一三〇〇メートルの滑走路があります。

岩川の地盤はやわらかいため、コンクリート舗装をするにしても厚さ三〇センチ以上を必要とします。時速一二〇～一三〇キロメートルで着陸する飛行機を約一〇〇メートルの範囲内で停止させるためには、十四トンの負荷に耐えうる構造にしなければなりません。

これにも竹筋が用いられました。孟宗竹を割いて三〇センチ角の竹網を編み、これをコンクリートの合間に挟み込むことによって強度をつけたのです。

滑走路は全長一三〇〇メートルのうち南端の一四〇メートルを航空母艦に見立て、幅四〇メートル、長さ一四〇メートルの範囲をコンクリート舗装しました。着陸地点にはワイヤーを設置してあります。飛行機後部のフックにワイヤーがうまく掛かると、わずか二十～三十メートルで停止することが出来るのです。

しかし、岩川基地は使い勝手があまりよくないと思われたのか、なかば忘れ去られたような状態になっていました。それを美濃部少佐が見つけ出し、芙蓉部隊の専用基地として活用することになったのです。

芙蓉部隊の使用が決定したときには、岩川基地の設備は当初の計画の七～八割ほどで事実上ストップしており、兵舎などはありませんでした。

しかし、この「未完成」がまた美濃部少佐にとっては好都合だったのです。芙蓉部隊の設営隊が十日から作業を始めると、岩川基地は息を吹き返したようになっていきました。

しかも、まったく基地らしからぬ、あふれんばかりの緑に覆われた、実に牧歌的な基地へと生まれ変わっていったのです。

5　秘密基地を築城せよ

五月十日からの三日間は、片や鹿屋基地から夜襲攻撃に出撃し、片や岩川で造営に勤しむといったように隊が二分されています。美濃部少佐としては、なるべく早く基地移転をしたいと考えていました。その基準となるのは「擬装」です。

米軍のような対空火器の設備を望めない以上、基地の防衛はもはや「秘匿隠蔽」に限ります。そのためには「まったく基地に見えないほどの完璧な擬装」が必要なのでした。それがほぼ完了して飛行機を置いても見つからないようになったところで引越をするのです。

基地設営の指導に当たっている石田大尉らは、周辺住民の協力を得ながら美濃部少佐の指示通りに着々と計画を進めていました。

まず、滑走路の発着地帯を幅八〇メートル・長さ一三〇〇メートルに限定し金網を敷きました。芝生を張り詰めた滑走路は離発着が頻繁になると土が露出し、上空から見ると白っぽく目立つためです。さらにその上で、青々とした刈草を敷き詰めて牧草地のようにしました。

そして移動式の家屋を四棟配置して、牛を十頭ほど放牧。さらには、これもまた移動式の樹木を十数本も立てるという芸の細かさです。もはやどこから見ても畜産農家の放牧場にしか見えません。

夜のとばりが降りる頃、牛は牛舎につなぎ、移動式の家屋および樹木を片付け、刈草を取り払うと、おもむろに飛行場が現れる……といった具合です。

しかし刈草は数日もすれば枯れてきて変色してしまいます。しかも、広範囲に敷き詰めているため、膨大な量が必要となります。

美濃部少佐は刈草の準備と敷き詰めなど一連の作業を月額二万円で請け負ってもらえないか近隣の農家に打診しました。その結果、何軒かが協力して行うことになったのです。

一方で、滑走路周辺の草地は農家に無償で開放しました。芋畑として使用してもらうのです。ますます「飛行場らしからぬ見た目」になるばかりか、農家としても収穫が増えるのは助かります。

そして飛行機です。

滑走路から五〇〇～一〇〇〇メートルほど離れた雑木林の中に場所を造り、飛行機を分散して配置します。いわば「林の格納庫」です。飛行機にも刈草を被せ、上空からちらりとも見えないようにします。

出撃する際には人力で出し、滑走路まで移動させます。移動させるのは整備隊と、近隣住民の有志でした。

「夕方になると父が時々、飛行機を引っ張りに行くといって出て行ったんです。当時は幼くて何のことかわからなかったのですが、芙蓉部隊の飛行機を運ぶ手伝いをしていたんだと大人になってからわかりました」と語る地元の方もいました。

ここまで飛行機を隠蔽しても、万が一ということがあります。探り撃ちなどで林に爆弾が投下され、飛行機が燃え上がろうものなら、敵に悟られてしまいかねません。ガソリン搭載の飛行機は、一発の被弾でも炎上してしまうのです。

対策として、芙蓉部隊では、任務を終了した飛行機から毎回ガソリンを抜き取ることにしました。たいへん面倒で手間の掛かる作業です。しかし、こうした地道な積み重ねを怠らないことが重要でした。目に見えないところでの努力こそが隊員の命を守り、戦果を挙げることに繋がるのです。

基地の事務会議室は近隣の農家から家を借り上げることにしました。どこにでもある茅葺き屋根の農家の家屋が、まさか夜襲部隊の本部とは誰も思わないでしょう。必要に応じて隊舎も借り上げました。

しかし、さすがに搭乗員の兵舎まで借りるわけにはいきません。兵舎は飛行場にほど近い丘陵地の林間に細長い三角兵舎を分散させて配備することにしました。壁はペンキで緑色に塗って、極力目立たぬように配慮しています。もっとも、この兵舎が完成するのは、六月になってからでした。

すでにある格納庫兵舎、対空通信所、基地発進所、地下発電所などは少し手を入れるだけで使えるようになりました。

「よし、そろそろ行くか」

美濃部少佐の号令がかかった五月十三日早朝、奇しくも「彗星」一機が完成したばかりの岩川基地に着陸しました。鹿屋基地に着陸しようとしたところ敵の空襲が激しく、「岩川へ着陸せよ」という美濃部少佐の指示に従い岩川基地へと降り立ったのです。

美濃部少佐も十三日に移動し、設営隊をねぎらいました。

「よく三日でここまでやったもんだなぁ。どこから見ても牧草地だ」

石田大尉はとにかく近隣の農家の人々が何くれと無く世話をしてくれるのだと話しました。

少佐は「ありがたいことだな」とひと言、そして唐突に「ちょっと行ってくる」というと身を翻して出て行きました。

帰ってきたときには馬上です。馬を仕入れてきた、と、実に嬉しそうです。後ろから栗毛の馬がさらに二頭、初老の男性に引かれてやってきました。当時の岩川は軍馬の産地でもあったのです。

「乗用車はうっかりすると壊れるからな。こいつが一番いいんだ」

少佐は馬から下りると、「どうどう」と慣らしつつ首を撫でてやっていました。馬はもうなついているようです。明るい茶に白い斑点のある美しい馬でした。優しい目をしています。

この日から美濃部少佐は毎日、馬に乗って基地をあちこち回るのが習慣になり、それはなかば名物のようになっていきました。

夜、岩川基地は闇に沈んでいます。米軍が不夜城のごとく煌々と点灯照明しているのに対して、こちらはあくまで暗黒とするのです。少佐は夜間の周辺状況を把握するため、軍刀を手に散策に出かけました。

不思議な田舎町です。雑木林に囲まれた間道が緩やかなカーブを描きながら下っていきます。ふと林が途切れたかと思うと、忽然と田畑や民家が現れる。さらに進むと再び道は林の中へと続き、しばらく行くとまた別の集落に出るといった具合です。

道が曲がりくねっているために、時に方向感覚を失いそうになります。美濃部少佐はその都度、空を見上げて北極星を確かめるのでした。

やがて広々とした谷に出ました。小高い丘に囲まれた里山です。田んぼが奥深く広がっていました。

藍色の濃淡が描き出す景色の中、星屑をちりばめたような一角があります。少佐は思わず息を呑みました。

蛍です。なんという数でしょう。それは少佐にとって、あまりに懐かしい光景でした。夢中で蛍を追いかけた少年の頃がありありと蘇ってきます。

しかし同時に、なぜか失われた隊員たちの面影が重なるのでした。南洋で散華した部下たちや、つい先日攻撃の最後に自ら飛び込んでいった隊員の姿が次々と現れて、光の中で楽しそうに笑い合っているのです。

「待っていてくれ、俺もやがて行く」

隊員の姿は、しかしどこにもないのでした。

そこにはただ闇があり、蛍たちが静かに光を放ちながら無心に飛んでいるだけです。その様子からは何一つ読み取ることはできません。

突然、強烈な孤独感に襲われました。胸に大きな穴が空き、そこに風が吹き荒れているかのようです。美濃部少佐は堪えがたくなり、つと踵を返すと元来た道を猛然と駆け出しました。

漆黒の林を駆け抜ける。

それは現実へと戻っていく道、激しい戦闘へと続く道でした。

自分の足音と荒い息づかいだけが嫌というほど聞こえてくる。

何故こんなにも息を切らして、何故こんなにも全速力で、戦渦の中へ突進しようとしているのか。

やがて基地本部として借り上げている農家が見えてきました。

「おい、みんな！　蛍がいるぞ！　今夜は蛍狩りだ、酒の用意をしろ」

「どうしたんですか、隊長。隊長は酒なんて飲めないじゃないですか」

「呑むのはお前たちだ。いいから行こう、ささやかな転居祝いだ」

薄い雲が夜空を覆い始めています。

夜道を行く隊員たちの影が、淡く滲んで闇に溶けていきました。

6　うたかた

五月二十日、鹿屋に残っていた隊員たちが続々と岩川入りしてきました。搭乗員たちは各自飛行機で、整備員や兵器員はトラックに分乗し、二〜三度に分けて移動していくのです。

さらに二十三日、藤枝から徳倉正志大尉を先頭に「彗星」十五機、零戦六機という最大規模の補充戦力が岩川基地に到着しました。

藤枝からやってきたのは、石田大尉、高木大尉、山崎飛曹長、田崎上飛曹など休養を済ませた第一陣に加え、藤澤保雄中尉、中西美智夫中尉など初進出の隊員たちです。

徳倉大尉は藤枝基地での指揮を請け負い、隊員たちの練度を着実に向上させました。前戦で戦う部隊のためにも、後方たる藤枝基地でしっかり隊員を育て上げなければならない。徳倉大尉の気概ある働きぶりは、美濃部少佐にとって何よりの支えでした。

その徳倉大尉が到着したことで、少佐は少なからぬ安堵を抱いたのです。岩川基地に大幅に隊員が補充されたために、これまでの戦闘で負傷した隊員は藤枝へと戻りました。

「それにしても、これが基地とはねえ」

美濃部少佐の秘密基地築城作戦には、どの隊員も感心しきりです。

「みんなから色々案を出してもらったんだ」

たとえ多くが美濃部少佐の智恵に寄るところであったとしても、皆の理解と協力がなければ決して実現し得ないのです。少佐は近隣住民からかなりの協力を得ていることを隊員たちに話し、くれぐれも品行には注意するように諭しました。

「民衆の協力無くして戦は出来ない。秀吉にしろ家康にしろ、まずは村人たちを味方に付けたものだ」

まだ兵舎が完成していないため、搭乗員は三つのグループに分けて近隣の農家で民泊することになっています。

どの家も快く受け入れてくれました。故郷を離れ戦場にある隊員たちにとっては思い掛けず家庭的な雰囲気を味わうことになりました。受け入れた農家にしても、まるで出征した息子が帰ってきたかのような感覚を抱いたようです。この時期、家庭はどこも女性と子供、老人ばかり、誰もが戦地にある息子や兄弟の面影を胸に、祈るような日々を過ごしていたのです。

やがて芙蓉部隊と岩川の人々の間に、不思議な心の通い合いが芽生えていきました。

もっとも、はじめのうち、岩川の人々は驚いたものでした。

「芙蓉部隊の兵隊さんたちは、昼間から寝ている」

そして陽も傾いた頃にむくむくと起き出して、おもむろに「おはようございます」などと言うのです。仕度をしたと思ったら、「行って参ります！」と敬礼して出て行ってしまう。

「我々は夜戦隊なんです」

多くを語ることが出来ないため、それだけ伝えるのが精いっぱいでした。住民の方でも軍関係のことは訊くべきではないと理解しており、誰もそれ以上のことを訊ねようとは思いません。

「お国のために戦っている人たち」

ただそれだけの認識で十分だったのです。愛すべき素朴さとやさしさが岩川の人々の中にありました。

農家でやっかいになっている隊員たちは、世話をしてくれる主婦などを最初のうちこそ「おばさん」「奥さん」と呼んでいたのですが、いつからか「お母さん」と親しみを込めて呼ぶようになっていきました。

「お母さん、お茶、もらえますか？」

「お母さんの料理は本当に美味しいですね」

「お母さん、兵服を繕いたいんですが……」

六月に兵舎が完成した後も交流は続きました。食糧が不足する中、自分たちの食べる分を辛抱してでも隊員たちのために差し入れをしてくれる人も少なくありませんでした。

「兵隊さん、これ食べてください」

産みたての卵を篭に入れ、母親と共に少女がやってくる。

時には牛一頭が差し入れられて、皆を驚かせるのでした。滅多にお目にかかれないビーフ・ステーキは体はもとより心の栄養でもありました。

隊員たちのほうからも、よく家々を訪ねました。しかもまるで日課であるかのように、それぞれがそれぞれのなじみの家を訪ねるのです。

「夕暮れになると、ぶらりとやってくるんです。八合原では水が汲み上げにくかったのでしょうね、よくうちの井戸水をもらいに来ていました。そのついでに、お茶を飲んでいったりするんです。縁側に座って、話すことといえば別になんていうこともないことばかりでしたが……。兵隊さんたちにとっては、わずかな気晴らしというか、ゆっくりできる時間だったのかも知れません」

志柄で暮らす福満（旧姓福岡）ヒサさんの回想です。福岡家は十九歳の長女を筆頭に五人姉妹で、ヒサさんは末娘でした。

「私はともかく、姉たちは兵隊さん達とそう変わらない年齢でしたから、ちょっとしたことでも話すのが楽しかったんじゃないでしょうか」

当時十五歳だった池田和子さんも、隊員たちのことを克明に記憶しています。

「出撃前の昼間に、ふらっと岩川の街まで降りてきて、あちこちに出かけていくんです。私の家には、だいたい二〜三人でやってきました。休憩させてくれませんかと仰るので、いつでも気軽にあがっていただいていたんです。昨日まで元気だった人が飛び立ったまま帰らない、どこで亡くなったかもわからないような状況でしたでしょうから、気持ちを落ち着かせたいと思ったのかも知れませんね。家族ぐるみで付き合っていたので、わが家のように感じていたのではないかと思います」

しかし隊員には悲壮感の片鱗もなく、皆おおらかだったといいます。一緒にお茶を飲み、ご飯を食べて、時には歌を歌ったりトランプで遊んだこともあった。

「みんな故郷のことや、きょうだいのことを話してくれました。十九〜二十二歳と、今から思えば若い人ばかりです。なのに、どうしてあんなに立派な人ばかりだったのかと今でも思います」

和子さんの家によくやってくる隊員がいました。池田秀一一飛曹です。

「大阪のお寺の息子さんで、驚くほど字が綺麗だったんですよ。明るくて、やさしくて、とっても楽しい人でした」

何となく心の通い合うところがあったのでしょう。和子さんにとって池田一飛曹は忘れられない存在となっていったのです。

岩川の街へと繰り出した隊員たちの多くは写真館へと足を運びました。今夜の出撃が最後か、それとも明日か……死を目の前に、生きた証を残しておきたいと願ったのかもしれません。

隊員たちが向かったのは老舗の「さわ写真館」です。同店を御尊父から受け継いだ澤俊文さんは当時五歳。

「とにかく颯爽として格好良くて、子どもながらに憧れました。あの飛行士の帽子をかぶせてもらうのが楽しみでね」

芙蓉部隊について資料を集め研究を重ねてきた澤さんは、今や語り部を代表する一人です。

ある日、隊員の一人がたくさんのマフラーを抱えて馴染みの家を訪ねました。川崎家といって将校クラブとして隊員たちが頻繁に出入りしていた、岩川でも指折りの屋敷です。

「お母さん、隊員たちのマフラーを染めていただけませんか」

「マフラーを？　何色にしたいの？」

「芙蓉の色です！」

川崎家は息子が開業医をしていたために、何人か看護婦もいました。ご近所の奥さんたちの手を借りれば、なんとかなるかもしれないと考えた夫人は快く請け合いました。

「芙蓉の花……薄紅もあるし、白もあるわね。白じゃあ今の色のままだから、薄紅にしましょうか！　きっと素敵だと思うわ」

にわかに染色工場と化した台所で、次々とマフラーが染め抜かれていく。染め上げた順に庭の物干しに吊して乾かします。

以来、飛行士たちの首元には、薄紅色のマフラーが巻かれるようになりました。それは岩川の人々の心を感じるお守りのようなものだったのです。

基地移動直後、施設未完成のため周辺の民家の借り上げ、基地、飛行機の偽装隠蔽の刈り草、柴木の取得、滑走路周辺の農作、基地警備上の規制協力、更に女性達の慰問、差し入れ等、隊の運営士気の高揚にどれほど貢献したことか。

このような銃後の理解と協力があればこそ死をも省みず祖国防衛に戦い得たのである。

7 梅雨空のもとで

岩川基地に拠点を移してからの初出陣は五月二十五日。月齢十三、曇り空。菊水七号作戦に伴う出撃で、芙蓉部隊の任務は敵機動部隊の索敵でした。

搭乗員達は借り宿舎である民家からトラックで飛行場まで移動します。整備員や兵器員はすでに準備を終えていました。

午前〇時四十七分から八分ごとに「彗星」十五機および零戦四機が屋久島南方洋上約三七〇キロ地点を目指して発進します。中には初陣の隊員も含まれていました。

新たな環境での出陣にもかかわらず全機が無事帰還。難しいと思われていたワイヤーを使った着陸も失敗することなく、岩川基地のスタートはまずまずといったところでした。

ちなみに前日の二十四日の夜には、陸軍の奥山大尉率いる義烈空挺隊による奇襲攻撃が行われています。十二機が沖縄の北飛行場に強行殺到、航空機二十六機に損害を与えたほか燃料タンク一二〇〇個を破壊し、大火災となりました。大混乱が生じた中、特攻機は高速輸送船を撃沈し、空母などにも損害を与えたのです。これは陸軍における特攻との連携作戦でした。

しかし、この時期すでに沖縄戦は末期的な状況にありました。陸海軍あげての懸命な攻防が行われるも、米軍の攻撃はますます激化、島民を巻き込んでの戦いは凄惨を極めていました。特攻機も底をつき始め、五月二十七日・二十八日の二日間にわたって実施された菊水八号作戦では、白菊などの練習機がほとんどを締めるようになっていたのです。

二十七日、芙蓉部隊は機動部隊の索敵攻撃に「彗星」八機、対潜水艦掃蕩に零戦八機で出動しました。

翌二十八日は北・中飛行場攻撃のため「彗星」二機を発進させたものの、岩川特有の濃霧が発生し、続いて出撃するはずだった六機の発進はままならなくなりました。目立った戦果を挙げられないまま菊水八号作戦は終了。どうやら濃霧は梅雨の前触れだったようで、これより南九州では曇り空や雨の日が多くなっていったのです。

全滅する部隊が続出していた沖縄では、五月三十日に残留していた日本軍の各部隊がついに首里から撤退することになりました。軍司令部が南端の摩文仁《まぶに》まで下がるのに伴い数万の県民達も日本軍と行動を共にしています。米軍の砲撃は住民達にも容赦なく向けられました。

六月四日、鏡水海上に上陸を果たした米軍は一気呵成に攻め込んできました。日本海軍は必死の抵抗を続けるも、十日後には全滅を余儀なくされます。総攻撃に転じた米軍は日本軍の前線を次々と打ち破り、十八日には牛島満司令官が指揮を諦め、二十三日、長勇参謀長とともに自決。二日後、大本営は沖縄戦における組織的な作戦の終了を発表しました。

南九州では基地の空襲がますます激しくなっていました。日本軍は九州北部および中国地方・四国に航空機を後退させることにしました。その際、芙蓉部隊も大分基地へ移転指示が下されています。しかし、大分基地からでは距離がありすぎて沖縄まで十分に進攻することができません。たとえ組織的な作戦が終わろうとも、芙蓉部隊はあくまで沖縄とともに戦う覚悟でいました。

美濃部少佐は岩川基地へ残る事を申請、宇垣中将はこれに対して許可を下しました。各航空部隊がのきなみ後方へと撤退していく中、芙蓉部隊は九州の前線基地に残ることになったのです。

「司令部からは「米軍が日本夜戦基地を捜索攻撃しようとしている」との情報がもたらされました。なるほど米軍はどこからともなく飛んでくる夜襲部隊の基地を見つけ出し何とかつぶそうとしているらしく、情報通り岩川基地の上空にもしきりに敵機が飛来します。

美濃部少佐は大雨にならない限り、馬を駆って飛行場を見回りました。

滑走路の東端には若い少尉が指揮する高射陣地があり、敵来たれば目にもの見せてやると言わんばかりに待ち構えています。しかも昼夜陣地から離れず敵襲に備えていました。

まずいな。

美濃部少佐は説得に掛かりました。

「敵機は超低空で滑走路に沿い偵察するが、絶対に発砲しないでくれ。最初の一、二機は落とせるが、軍事施設の所在を知らせるようなものだ。新たな敵機を呼び込み、猛攻撃を受け秘密基地は壊滅することになる。敵と渡り合おうとするならば、少なくも一〇〇〜一五〇門の対空火器が必要となる。それが無いとなれば我が方の被害を大きくするだけだ。ここは何としても辛抱してくれ」

高射陣地の隊員は納得できないと不服顔でしたが、しまいには請け合いました。

「とにかく基地が見つかってしまえば、これ以上戦うことができなくなるんだ」

十数機のグラマンが飛んできた際には、美濃部少佐は杉林の陰から様子を見ていました。敵機と、高射陣地の将兵との両方を見張ります。グラマンは探り撃ちしただけで通過していきました。高射は行われませんでした。美濃部少佐はホッと胸をなで下ろしました。

基地だと気づかれなかったようです。

他の基地が空襲で逃げまどい、飛行機を破壊されている状況の中で、最前線の岩川基地では防空壕を使わずに済んだのです。

六月の戦闘は悪天候との戦いでもありました。一ヶ月のうち芙蓉部隊が出撃できたのは六月三日から十日にかけての七日間（菊水八号作戦）と二十一日・二十二日（菊水十号作戦）、二十五日の三日間、計十日間です。そのうち六月五日は天候不良のため待機していた状態なので実質的には九日間ということになります。

しかしその間にも大きな戦果を挙げました。八日は伊江島飛行場において十六ヶ所を炎上させ、そのうち一ヶ所は大火災。翌九日にも同じく伊江島飛行場で炎上三ヶ所、うち一ヶ所は大火災となり誘導爆発を確認しています。

六月二十一日・二十二日の菊水十号作戦は陸海軍の航空機が大挙策応して沖縄攻撃を行った最後の作戦です。すでに海軍には艦船攻撃を行うことのできる特攻の実用機はなく、練習機および桜花を使用せざるを得ない状態でした。

練習機でも可能な限り目的に到達させるためには、前日の夜間に沖縄の敵基地を制圧すると共に艦船攻撃を決行する必要があります。さらには戦闘機を全力使用してでも途中上空の制空権を確保しなければなりません。

芙蓉部隊はその先駆として出撃しました。

二十一日には飛行場を爆破し一ヶ所を炎上させるも、天候不順で出撃できない飛行機もありました。二十二日は機動部隊の索敵攻撃。二十五日は作戦は終了しているものの夜間奇襲攻撃を続行、飛行場を二ヶ所爆撃、一ヶ所炎上。

決して攻撃の手を緩めるものかという思いが隊に漲っていました。

しかし、奮戦の一方で航空燃料の不足が深刻化しつつありました。これまで作戦機はまず整備員が試運転をし、その上で搭乗員も試運転をしたうえで出撃する、といった段階を踏んでいます。それを燃料を節約するために、整備員の試運転のみで出撃することにしたのです。

搭乗員はひたすら整備員を信じて出撃していくことになります。また、整備員は自分の整備次第で未帰還を出しかねないという重圧と常に戦うことになります。この方法は搭乗員・整備員の双方に多大な精神的重圧を与えることになりました。

しかし、驚いたことにエンジントラブルなどが生じることなく、搭乗員は果敢に出撃していったのです。搭乗員と整備員がいかに心を一致させ、ぎりぎりのところを渡り合っていたかが窺い知れます。

搭乗員が「陽」だとすれば、整備員は「陰」となり、彼らを支えたのでした。整備員たちは整備に従事することが敵を倒すことだと懸命だったのです。寝る間を惜しんでの働きの甲斐もあり、芙蓉部隊の航空機の稼働率は八十～九十%にまで達していました。


航空を語る時、私の脳裏に浮かぶのは母の如く、妻の如く世話をしてくれた幾十百人の整備員達である。徹底した裏方の支援指揮官の分隊長、老練な掌整備長、ベテランの機付整備兵曹、

甲斐甲斐しく立ち回る機付の少年整備兵。単機洋上を数百キロ飛び続けた背後には、この人達の温かい祈りがあった。海軍時代が懐かしいのは、純粋にチームワークの中に溶け込んでいた人間関係である。激しい航空戦もこの整備員達の支援無くしては不可能であった。

芙蓉部隊の戦闘も、一〇〇〇名近い地上支援の献身的若者無くしてはなりたたなかった。

8　翳りゆく時

雨が降り続いていました。

昭和二十年の梅雨はとりわけ雨量が多かったといわれます。

特に六月二十六日から七月二日までは大雨に見舞われ、岩川基地飛行場の滑走路はすっかりぬかるんでしまいました。もちろん離発着などできようもありません。

急ごしらえの兵舎では雨漏りがして隊員たちを閉口させました。ふだんから湿気の多い岩川でしたが、梅雨ともなれば一段とひどく、少しでも油断するとカビにやられてしまいます。しばらく出撃しないうちに、飛行服がすっかりカビだらけになってしまった隊員もいました。

降りしきる雨は心にまで水たまりをつくるようです。

隊員たちには疲労の色が濃く見え始めていました。しかし士気は旺盛で、雨により出撃できないことがむしろストレスになっているようです。

美濃部少佐は微妙な変化を感じていました。

一月以来、訓練に次ぐ訓練、出撃に次ぐ出撃で、その間、隊員は束の間の休息を取るに留まり、慰問も何もなかったのです。

いかんな。

戦場にあろうと、時には多くを忘れ心から笑えるような時間をつくらなければと少佐は考えました。息は吸ってばかりでは苦しくなるのです。吐き出す必要がありました。

そして何より美濃部少佐自身が、隊員たちが楽しそうに笑う姿をもう一度見たいと望んでいたのです。それがどれだけ自分の支えになっているのかわかっていたはずなのに、そうした機会を設けることを忘れていた。

美濃部少佐は慰問団を呼ぶことに決めました。

菊水作戦は十号をもって終了し、もはや沖縄に対する大規模な航空作戦は行われていません。司令部からは次期に予想される本土上陸作戦に対する「決号作戦」に備えるようにという指示が下されていました。

実際、米軍は「オリンピック作戦」として九州侵略を計画していたのです。その内容は十一月一日早朝、陸兵および海兵隊の十四師団が六十六隻の空母を含む三〇〇〇隻に分乗し、宮崎市、有明湾、鹿児島市の海岸に殺到するというものでした。

この上陸に対抗する作戦は、もはや白兵戦しかありません。芙蓉部隊は、これまで通り沖縄周辺の戦艦および航空基地に対する攻撃を続ける一方で、敵上陸に備えた演習を行うことになったのです。

七月三日と五日の両日、ようやく雨が上がり出撃できたものの、六日からはまたも雨が降り続き、十四日まで夜間攻撃は足止めとなりました。

実兄の太田守少佐が岩川基地を訪れたのは、ちょうどそんな折、六日のことです。太田少佐は中央の軍部部員として情報・通信を担当していました。十二月に軍令部を訪れた時以来、およそ七ヶ月ぶりの再会となります。

「現地部隊の状況を見るために出張が続いているんだ」

久しぶりの兄弟水入らずでした。

「完全秘匿の岩川基地の健闘は、中央でも認められるところとなっているぞ」

嬉しい報告でした。話題はもっぱら戦況に関してですが、時には郷里の母や妹・弟たちのことにも及びました。

部屋で二人きりになった際、太田少佐は周囲を確認するようにしつつ、声を落として言いました。

「お前にも言っておかねばならないと思っていたんだが、実は、中央では和平を求める動きが出始めている」

「なんだって？　そんな馬鹿な」

しかし四月に発足した鈴木貫太郎内閣が慎重に和平工作を進めているのはまぎれもない事実でした。鈴木首相のもと内大臣の木戸幸一や海軍大臣の米内光政が講和に向けて動いており、菊水十号作戦が終了した六月二十二日の御前会議では「ソ連を仲介とする英米との講和交渉」が決定されているのです。

「とんでもない！　今ごろになって和平などもってのほかだ。そんな事でフィリピン戦以来の亡き友が浮かばれるか。降伏などあってたまるものか！」

兄の報告は驚くべき事であり、かつ、憤らずにはいられない事でした。しかし同時に、もう随分前からこの日が来るのをわかっていたような気がするのです。

来るべき時が来ようとしている、すでにわかりきった事ではないか。

しかしそれがいざ現実になろうとすると、とうてい受け入れられる心境にはなれないのです。断固として戦い続ける、降伏などするものかと思う一方で、大勢の部下とその家族のことを鑑みれば、このあたりで終わりにしたい、誰かに助けて欲しいという気持ちになる。

心は二つに割れていました。

数日後、芸能慰問団が岩川基地を訪れ、特設舞台で、歌やダンス、喜劇が演じられました。久しぶりの休日と娯楽、隊員たちは楽しんでいるように見受けられます。しかし、その笑顔がどこか空疎であることに、美濃部少佐は気づかないわけにはいきませんでした。

もはや心から笑う顔を見ることはできないのか。

美濃部少佐は、およそ初めて限界を感じました。

芙蓉部隊は随一の士気旺盛な部隊を自認してきました。しかし、日本敗北の不安が徐々に隊員たちを支配しはじめていたのです。

美濃部少佐自身も、みずからの軍隊指揮に対する限界を見ました。勝算のない戦いを続けることの難しさ、それを知った上で指示を出す罪悪感から、もはや目を逸らさないわけにはいかなかったのです。

9 秘められた「最後の戦い」

米軍の九州上陸を迎え撃つ決号作戦の準備に伴い、第五航空艦隊司令官・宇垣纏中将はみずから海岸線の視察に赴いていました。

そんな折、突然、宇垣中将が岩川基地を訪れるという報せが届いたのです。これまでしばしば司令部に出頭するも、特に「ご苦労」の言葉もなく、まして親しい言葉をかけられたことは一度たりともありません。今まで省みることはなかったというのに、なぜ今ごろ来訪するのか、美濃部少佐は真意を計りかねていました。

何かたくらみでもあるのだろうか。

二人の参謀と部下一人を従えた宇垣中将が練習機「白菊」で岩川基地にやってきたのは七月二十三日のことです。美濃部少佐は煩雑な現状報告書などを作成して説明するよりも、飛行場など基地全体を案内しながら自隊の戦術やこれまでの戦闘経過などを話そうと心に決めていました。本部近くに馬を二頭繋いで待っていると、訪れた宇垣中将はことのほか喜びました。

「これは嬉しい、私は馬が好きでね」

幸い、前日まで降っていた雨も止んでいました。いつの間にか緑が濃くなっています。宇垣中将と美濃部少佐は並んで基地を巡回しました。

「君のところはよくがんばっている」

宇垣中将が芙蓉部隊を高く評価していたことを、美濃部少佐は初めて知りました。海軍きっての智将であり戦略家とされていたものの、作戦といえば特攻ばかりを出してくる。そんな宇垣中将に芙蓉部隊は理解されないものと、なかば諦めていたのです。

なだらかな丘陵にさしかかった時、宇垣中将はあらたまって言いました。

「司令部は大分基地に下がる。君のところが最前線となる。このあたりは米軍上陸の矢面となろう。この地は君に委ねる。多くの部下を抱えて大変だと思うが、頼んだぞ」

空襲を逃れるために、すでに航空機を北九州や中国・四国地方に下げていましたが、司令部も鹿屋基地から大分基地へと下がることになったのです。

この地は君に委ねる。

宇垣中将の言葉が何を意味するのか、美濃部少佐はすぐに察しました。そして、その言葉の向こう側に、父親が息子を案ずるがごとくあたたかな響きをも感じていました。

「よくわかりました。未熟者ですが、精いっぱいやります」

宇垣中将一行が岩川基地を後にしたのは、夕刻近くのことです。雲が低く垂れ込めた空へ向けて「白菊」が飛んでいく。飛行機が点になり、空にとけて見えなくなるまで、美濃部少佐は見送りました。

小さく一息つくと本部に戻り、隊員集合の指示を下します。

集まった隊員たちに、少佐は唐突に質問しました。

「長男はいるか」

隊員たち意味がわからず、戸惑ったように目配せをしています。やがて「自分は長男です」と一人が手を挙げると、それに連れ何人かの手が上がりました。

「わかった。長男は要務士に申し出るように」

美濃部少佐は飛行要務士の渡辺少尉にリストを作成するように命じると退出しました。この奇妙な質問が何を意味するのか、誰一人わかりませんでした。

その夜、美濃部少佐は作戦計画を立てました。
以下が、その概要です。

一、米軍九州南部の上陸戦に対し、芙蓉部隊指揮官美濃部正少佐以下、古参現役搭乗員をもって最後の反撃を行う。戦闘目標は敵空母三隻。飛行機発着を不能とせしめること。七月時点で芙蓉部隊の単独対機動部隊攻撃能力の見積もりでは、これが限界である。

＊索敵隊　「彗星」六機、洋上六〇〇キロの未明索敵
＊接触誘導体　「彗星」六機を二機ずつ三群として出撃。接触、照明弾による照明および攻撃隊の誘導を任務とす
＊攻撃隊　「彗星」六機、零戦十二機
＊搭乗員　攻撃隊総指揮官・美濃部少佐。以下、古参及び海兵七三期をもって編成。

二、飛行基地防衛指揮官　飛行隊長徳倉大尉または江口大尉。
陸戦武器皆無のため、飛行機用爆弾およびロケット弾を、志布志街道の松山・岩川間における樹上、樹間につり下げ、バッテリー使用の電気発火とする。これにより進入せし戦車を破壊。航空ガソリンをドラム缶ごと山上から街道に転がし火を点じ一矢報いる。

三、自由義勇軍

武器無き隊員は食料を与え自由行動とす。帰郷もよし、国民の中に入るもよし。各人の意志に従うべし。私の責任において解放命令書を交付する。これは軍紀違反となるがやむなし。

宇垣中将の言葉は、「敵が上陸したら、真っ先に突入して欲しい」ということを意味していたのです。

岩川基地から米軍の上陸が予想される志布志湾までは直線距離にして二十キロ足らず。ひとたび上陸を許してしまえば、夜間奇襲攻撃の有効性は失われます。しかもこれまでの激戦で飛行機も兵器も、そして燃料も乏しくなっていました。そうなればいよいよ突入しかないのです。

そうである以上、美濃部少佐は「いかに突入するか」を念頭に作戦を立てたのでした。

「攻撃隊総指揮官・美濃部少佐」とあるのは、みずから航空隊を率いて攻撃をしかけ、最後は突入するためです。その攻撃隊も若い隊員は外し、さらに家の跡継ぎとなる長男も除外し、できる限り古参で固めようとしました。

若い隊員には、日本の未来を担う者として生き残って欲しかったのです。そのためにも、たとえ軍紀違反になろうとも、独断で解放命令書を交付する。ありったけの食料を与え、どうにか生き延びて欲しいと願いました。

敗戦混乱の民族を指導するものは、学徒十三期及び純真な少年航空兵達である。これ以上無益な抗戦を避け苦難混迷に耐え新しい時代を切り開いてもらいたかった。彼らはこれまでに十分戦った。もう飛行機もない。海軍の送葬は私たちがやる。

基地に残って陸戦を行う隊員も、可能な限り古参としました。長らく共に戦ってきて、最も信頼のおける徳倉大尉と江口大尉なら安心だと考えました。

しかし、芙蓉部隊は航空隊です。陸戦に必要な武器は所有していないのです。そうである以上、飛行機で使う兵器をなんとか工夫するしかありません。

通常なら飛行機に搭載するはずの爆弾やロケット弾を樹木の枝から吊り下げて爆破させ、志布志湾から上陸して内陸を目指そうとする敵の行く手を可能な限り阻んでいく。しかしそうした抵抗にも限界があります。最後はドラム缶ごと大爆発を起こさしめ、一矢報いて欲しい。そうして一日でも一時間でも長く抵抗し、一人でも多く村人が逃げおおせるよう時間を稼いで欲しい。

陸戦の指揮が終われば、徳倉大尉も江口大尉も敵に斬り込んでいくだろうことを、美濃部少佐はわかっていました。言わず語らず思いを伝え合うことの出来る仲なのです。

これで岩川基地も、芙蓉部隊も終わる。

この計画は「極秘」とされ、側近以外の一般隊員に知らされることはありませんでした。

七月二十六日、日本に対する条件付きの降伏を求める『ポツダム宣言』が発されました。ベルリン郊外のポツダムでトルーマン大統領、チャーチル首相、スターリン書記長が会談し取りまとめた全十三条からなる宣言で、その中には「日本国軍隊の無条件降伏」が要求されてはいるものの、日本国および天皇の無条件降伏を要求するものではありませんでした。

しかし、この『ポツダム宣言』の内容をめぐり、内閣はしばしば混乱を来すのです。

間もなく運命の八月が訪れようとしていました。

第六章　蛍ふたたび

1　炎暑の夏

　例年以上に雨の多い梅雨が明けたと思いきや、これもまた例年以上に暑い夏が訪れていました。

　昭和二十年八月。

　度重なる空襲は大都市はもとより地方の小都市まで焼き尽くし、日本列島至るところに無残な傷跡を残していました。

　それでもなお敵機はやってきます。それも日に日にその数は増えていく。米軍機は日本の空を我が物顔で侵し、好きなように振る舞うのでした。

　日に何度も空襲のサイレンが鳴り響く。そのたび人々は防空壕へと駆け込む。爆音の大きさで距離感を測り、いつこの上空にやってくるかと身構える。

　いつ終わるとも知れない戦争に、人々の心は奇妙な硬直状態にありました。この頃のことを大佛次郎《おさらぎじろう》は次のように書き記しています。

「こういう日々というのは我々でさえはっきり呑み込めぬのだから、後世の平和の時代の人々には想像もつくまい。死の天使は急遽襲い来たり、短時間でまた凪が落ちた後のように静かな日常に戻る。人間は兎に角生き続けて行くのである。無惨にぷつと切られるまで」（『大佛次郎

敗戦日記』八月五日　草思社）

この年、鎌倉では海水浴が禁止となり、ふだんなら賑わっているはずの海岸は閑散として砂だけがじりじりと陽に焼かれていました。

「なんて暑い夏だこと」

篤子は午睡をする樟子の汗をガーゼで拭ってやりながら、うちわでゆるい風を送っています。八ヶ月になる樟子は月齢に比して極端に小さく、まだ生まれて数ヶ月と言われても信じられるようでした。

樟子は新生児メレナと診断されたのです。ビタミンKの欠乏が発症の原因ですが、戦時中は極端に食料が不足していたため母子共に栄養不足になるのは無理からぬことでした。これまで治療をしながら命をつないできたのです。

「何があってもお母さんが守ってあげますからね」

ちいさなおでこに汗で産毛が張りついています。起こさないよう、指先でそっと除けてやる。その時、母が新聞を手にやってきました。

「篤子、新型爆弾が落ちたそうよ。広島ですって。でも、たいしたことはないみたいね。恐るに足らずって書いてあるわ」

八月八日の朝刊に原爆投下に関する大本営発表の記事が掲載されました。しかし「損害若干」とされ、しばらくの間、一般国民は原爆の脅威を認識できずにいたのです。

八月六日午前八時十五分、B－29爆撃機エノラ・ゲイ号がウラン型原子爆弾「リトル・ボーイ」を広島に投下。

あたりが真白になるほどの閃光が放たれたかと思うと大地を揺るがすような爆音が轟き、広島市街は瞬時にして死の街と化しました。十万人以上の命が奪われ、爆心地から二キロ以内の木造家屋は消滅。鉄筋コンクリートの建物は爆風によって破壊され、およそ十三平方キロが炎に包まれました。無気味な赤い炎が地上を舐めるように広がり、黒煙が夏の空を覆う。たった一発の爆弾が、それまで人類が経験したことのない生き地獄を創出したのです。その被害は今に至ってもなお続いており原爆症を原因とする死者は推定二十万人近くにもなるとされています。

翌七日、トルーマン大統領は短波放送で声明を発表しました。その中には以下のような内容が含まれています。

「七月二十六日に最後通告として発したポツダム宣言は、全面的破壊から日本国民を救うためであった。にも関わらず彼らの指導者は通告を拒否した。もし今われわれの条件を受け入れなければ、空から破滅の弾雨が降り注ぐものと覚悟すべきであり、それはこの地上でかつて経験したことのないものとなろう。この空からの攻撃に続いて、日本の指導者がまだ見たこともないほどの大兵力と、すでに十分知られている戦闘技術とをもって侵攻するだろう」

さらなる大虐殺をすぐにも実行する用意があるという、一国の大統領たるものが脅迫としか受け取りようのないことを宣言したのです。

原爆投下に際して、「日本がポツダム宣言を黙殺した」ということが、あたかも正当な理由であるかのように利用されていますが、米国による原爆投下は、すでに昭和十九年九月の段階で、ルーズベルト大統領とチャーチル英首相との間で密約が交わされています。それをトルーマンが忠実に実行しただけのことです。

日本側では七月二十六日に発表された『ポツダム宣言』の内容をめぐって、主として天皇制の存続が守られるかどうか、それが確約されるかどうかで激論が交わされていました。陸軍はなおも強硬な態度で本土決戦を主張しており、まかり間違えばクーデターが引き起こされかねない状況でした。この期に及んで国内が分裂してしまっては、それこそ最悪の条件下で植民地化されかねません。鈴木首相はやむを得ず「黙殺」したのです。

それを米国は日本側の強硬姿勢と決めつけ、「戦争を一刻も早く終わらせ米国の人命を守るために仕方なく」原爆を投下した、という図式をつくりあげました。

この図式は今も多くの米国人が信じるところです。自分たちは平和のために原爆を投下した。それは紛れもない正義であるとされているのです。

たとえそれが詭弁であったとしても、自国の正義を主張するということはあるかもしれません。それに対して日本側は自国の立場を主張すること、被害の実態を伝えること、さらには「原爆投下が国際法に違反する罪」であることを今なお表明できていません。それどころか

「原爆により戦争を終わらせることができた」という認識は日本にもあるのです。占領下のもと、GHQはあらゆる手段を使って「原爆はやむを得なかった」という認識を浸透させたのが最たる原因といえるでしょう。

ヘレン・ミアーズは原爆投下についても公平な見識に基づき勇気ある発言をしています。

「私たちは他国民の罪だけを告発し、自分たちが民主主義の名のもとに犯した罪は自動的に免責されるとでも思っているのだろうか。（中略）ここにいたってもなお、原爆使用の正当性に固執するのは、私たち自身の価値観を否定するものだ」（『アメリカの鏡・日本』ヘレン・ミアーズ　角川書店）

2　岩川空襲

広島に原爆が投下された日、岩川基地では変わらず夜襲作戦が続けられていました。

六日未明、九州南方方面の敵潜水艦の攻撃に出ていた「彗星」八機と零戦四機が次々と帰着。整備員が順次、林の中に飛行機を運び込むとともにメンテナンスに取りかかります。

この頃になると、ほとんどの隊員が束の間うたた寝するにとどまっています。睡眠時間に充てられているはずの日中でも演習をしたり、あるいは街に降りていくなどしていました。

昼近く、岩川の空に敵機が来襲しました。

七月以来ひっきりなしに敵機が飛んできていたため、もはや珍しいことではありません。米軍では、沖縄戦が事実上終わったというのにどこからともなく「ＪＵＤＹ（彗星）」が飛んでくる、猛攻撃をしてきたと思ったらあっという間に去っていく、あれはいったいどこからやってくるのだ、秘匿基地があるに違いない、なんとしても探し出せ……と躍起になっていました。そのため岩川基地上空には頻繁に敵機の姿が見られたのです。

しかし、その日は明らかに住民を狙っていました。

当時、宮崎県都城市の西都城駅から鹿児島県曽於郡志布志町（現・志布志町）を結ぶ国鉄志布志線が走っていました。米軍機は都城方面から飛び来たり、志布志線沿いに低空から機銃掃射をしつつ、志布志湾方面へと抜けていったのです。

この日の空襲を体験した人々は、口を揃えて「顔がハッキリ見えた」と言います。それくらい低空から攻撃していったのだと。

「私と妹は飛行機が来たのを見て、いつも家に来る芙蓉部隊の人たちだと思い込んで手を振ったんです」

その瞬間、目の前の草原が波立ちました。敵は年端もいかない二人姉妹を撃ってきたのです。幸い怪我をすることはなく姉妹は逃げおおせることが出来ました。

岩川駅では、夫の出征を見送った母娘が直弾を浴びて倒れていました。ちょうど列車が入ってきたところで、ホームに降り立った人が被害を受けたのです。その中には、この日から入隊という若い将兵の姿もありました。大隅松山には陸軍の部隊もあったため、陸兵か海兵かはわかりません。いずれにせよ将兵として参戦する前に命を落としてしまったのです。

弾は岩川の街を見下ろすようにたたずむ覚照寺にも容赦なく打ち落とされました。防空壕に避難していた住職はふと予感がして機銃止まぬなか本堂に駆けつけ、床下のソテツ藁に引火しているのを発見、辛くも火事になるところを防いでいます。

岩川基地では隊員たちが騒然としていました。家族同然に感じている岩川の人々が攻撃を受けるのを、黙って見ていられるわけがありません。

「零戦で打ち落とす！」

全身を怒りに燃え立たせた搭乗員が駆けだしていきました。

「まて、俺も行く！」

居合わせた隊員が後に続きます。

飛行機が隠し置かれた林へと走っている途中、馬で巡回していた美濃部少佐と出くわしました。

「お前たち、どこへ行く」

手綱を引き絞りつつ、馬上から声を掛ける。しかし、若い隊員たちが何をしようとしているのか、美濃部少佐にはわかっているのでした。

「出撃させてください！」

「だめだ」

「どうしてですか！　岩川の人たちがやられます！」

「我慢しろ」

隊員たちはなおも食い下がろうとしました。

「気持ちはわかる、しかし我慢しろ。ここで出撃したら敵の思うつぼだぞ。やつらは俺たちの存在を血まなこになって探しているんだ。岩川の人たちを守りたいと思うなら、ここは断じて辛抱せよ」

皆歯がみしながら我慢しました。兵舎へ引き返しながら、「この借りは絶対に返してやる」と言い合っているのが聞こえてきます。

若い背中を見送りながら、美濃部少佐は再び馬上の人となり基地周辺には損害が出ていないか見回りました。

あの計画を知ったら、彼らは何と言うだろうか。

連れて行って欲しい、最後まで戦わせてくれ。間違いなくそう言うであろうことがわかります。それをどう諌めていくのか。

抜いた刀を、いつ、どのようにおさめるのか。

美濃部少佐は戦を終わらせることの難しさを不意に感じるのでした。

岩川が空襲を受けてからというもの、一時は陰りを見せつつあった隊員たちの士気が再び高まっていきました。誰もが目に物見せてやると言わんばかりです。もはや勝ち目のないことがわかっている中で、一矢報いんとすることそのものが支えとなっていたのです。

誰一人生きて帰ろうと思う者はありませんでした。

八月七日、東シナ海機動部隊索敵攻撃のため「彗星」六機および零戦六機出撃。

八月八日、伊江島・沖縄攻撃のため「彗星」七機出撃。伊江島飛行場に陸揚中の飛行機群に大火災発生、沖縄本島中飛行場一ヶ所炎上。「彗星」一機、未帰還。

この日、さらなる衝撃が日本を襲いました。

3　ご聖断

広島への原爆投下からわずか二日後の八月八日、突然、ソ連が日本に宣戦布告をしました。翌九日午前〇時、ソ連軍は満州に進攻開始。戦車五〇〇〇輛、航空機五〇〇〇機、大砲二万四〇〇〇門、兵力一七四万人という大勢力で、北・東・西と三方の国境から侵入、国境守備隊を粉砕し、日本人開拓村を襲撃したのです。その惨状は筆舌に尽くしがたいものがありました。男性は次々と銃殺され、女性は辱めを受け、老人子どもといわず戦車に追いまくられひき殺されていったといいます。

日本とソ連は「日ソ中立条約」を交わしていました。

その一方でソ連は昭和二十年二月の米英とのヤルタ秘密協定において南樺太の返還および千島列島の引き渡しなどを見返りに対日参戦するという密約を交わしていたのです。

「日ソ中立条約」を破棄するとソ連が伝えてきたのはその二ヶ月後の四月。しかしその効力発生は一年後という取り決めになっていました。もしやソ連と戦争ということになってしまうとしても、それは一年後であると日本は信じていた。まさか正々堂々と条約違反をする「文明国」があろうとは思いもよらなかったのです。

これはまさしく激震でした。

事態の激変に際して、翌九日午前、最高戦争指導会議が開かれます。約三時間にも及ぶ会議の最中、今度は長崎市に原爆が投下されました。

八月九日午前十一時二分、長崎市街は一瞬にして壊滅。

日本は完全に追い詰められてしまったのです。

しかし、最高戦争指導会議での意見は、なおも二つに割れたままでした。

「死中に活を求める戦法に出れば完敗を喫することなく戦局を好転させ得る公算もあり得る」と力説する阿南惟幾陸相に同調するのは梅津美治郎参謀総長、豊田副武《とよだそえむ》軍令部総長。

それに対して米内光政海相は「挽回の見込みはない」とし、東郷茂徳外相、鈴木首相も同調。

意見の一致を見いだせないまま、決定は御前会議へと持ち越されることとなったのです。

九日午後十一時五十分。皇居の防空壕の一室で御前会議が開かれました。

しかし日付が変わり午前二時を過ぎても激論が交わされ、何としても意見が一致しません。

誰もが真剣に国を思っていました。意見が真っ二つに割れていようとも、その根底には同じひとつの思い、「国を思う心」があったのです。それだけに接点を見いだすのが困難なのでした。

昭和天皇は皆の意見を熱心にお聴き遊ばされておりました。深夜から始まり、もはや丑三《うしみ》つ時というのに、疲れたご様子を欠片もお見せになりません。

時計の針は刻一刻と時を刻んでいます。猶予はありませんでした。

鈴木首相がつと立ち上がり、ご聖断を仰ぎ本会議の決定としたいとの旨を申し出ます。

一同、頭《こうべ》を垂れ畏まりました。

昭和天皇は「自分は外務大臣の意見に賛成する」と仰せられ、さらには現在の状況についてもご意見を縷々と述べられたのです。

内大臣の木戸幸一は、この日の御前会議の後で陛下に拝謁しています。そして陛下の思いを直接承ったのでした。

「本土決戦本土決戦と言うけれど、一番大事な九十九里浜の防備も出来ておらず、また決戦師団の武装すら不充分にて、これが充実は九月中旬以後となるという。飛行機の増産も思うようにはいってない。いつも計画と実行とは伴わない。これでどうして戦争に勝つことが出来るか。もちろん、忠勇なる軍隊の武装解除や戦争責任者の処罰等、それらの者は忠誠を尽くした人々で、それを思うと実に忍び難いものがある。しかし今日は忍び難きを忍ばねばならぬ時と思う。明治天皇の三国干渉の際の御心持を忍び奉り、自分は涙をのんで原案に賛成する」(『木戸幸一日記　下巻』東京大学出版会★)

かくして鈴木首相は十日午前七時、「天皇の大権は守られるという了解の下にポツダム宣言受諾の用意有り」と打電したのです。

その解答がバーンズ国務長官より八月十二日にもたらされました。

そこには天皇の権限が連合国最高司令官の制限の下に置かれるという内容が含まれていたのです。それが何を意味するのか、またも大混乱を来たしました。

阿南陸相らは「これでは国体護持を貫くことは出来ない」と激しく反発、陸軍では中堅将校たちによるクーデター計画まで持ち上がったのです。

もう一度、連合国に国体護持を確認し明瞭にしておくべきだという意見に対して東郷外相は連合国側の緊迫した状況を鑑みれば、この上新たな回答を求めては終戦への最後の機会を失ってしまいかねないと反論。

会議は混迷し、再度の御聖断を仰ぐに至りました。

八月十四日、宮中より先の御前会議に出席した者および全閣僚に召集がかかりました。これは大東亜戦争における最終の御前会議でした。

この御前会議において、昭和天皇はあらためて先の会議で決意したことは変わらないというご回答を示されたのです。

その際の状況を、鈴木貫太郎は以下のように活写しました。

「自分の意見は去る九日の会議に示したところとなんら変わらない。先方の回答もあれで満足してよいと思う」

と仰せられ、合わせて、その理由とするところは、前回の御前会議で述べさせられたご趣旨とご同様、世界平和を念慮され、皇国悠久の存続のための終戦の必要を述べさせられ、純白のお手袋にてお眼鏡をお拭き遊ばされていたが、陛下は一段と声を励まされ

「このような状態において戦争を終結することについては、さぞ、皇軍将兵、戦没者、その遺家族、戦災者らの心中はいかがであろうと思えば胸奥の張り裂くる心地がする。しかも時運の赴くところいかんともなし難い。よって、われらは堪え難きを堪え忍び難きを忍び……」

と仰せられたかと思うと、玉音は暫し途切れたのである。仰ぎ見れば、おお、おいたわしや、陛下はお泣き遊ばされているではないか……。（中略）この陛下の

「堪え難きを堪え……」

の玉音を拝するや、たまり兼ねた一同は御前もはばからずドット泣き伏したのである。なかにはみもだえ号泣する者もあったのである……。（『鈴木貫太郎自伝』日本図書センター）

蒸し暑い日が続いていました。のしかかるような陽射しが焼け野原に降り注ぐ。敵機は変わらず来襲していました。

4　八月十五日

その日の午前中、美濃部少佐は予定されている薄暮からの攻撃に備え、作戦に参加する搭乗員を集めて図上演習を行っていました。

岩川基地通信隊小隊長がやってきたのは昼過ぎのことです。突然のことで、しかも見るからに混乱した様子です。

「大変なことになりました。これを……」

差し出したのは新聞電報でした。そこにはポツダム宣言受諾に際しての、天皇詔勅全文が書かれていたのです。

それが何を意味しているのかすぐには把握できず、一瞬、美濃部少佐は硬直しました。

「デマではないのか？」

「ちがうようです。どうやら本物です」

そう答えた通信小隊長は、後にサントリー会長となる佐治敬三少佐（当時二十六歳）です。岩川基地では新聞もとっておらず、ラジオも置いていませんでした。普段と変わりない朝を迎え、普段と変わりなく演習をしていたのです。

まさか降伏とは。

にわかには信じられないのでした。一ヶ月あまり前に兄から和平工作についての情報を得ており、敗戦を肌で感じてはいたものの、いざとなると事実なのかどうか疑いを持ちたくなるのです。

しかし、それは紛れもない事実でした。

八月十五日、正午。

ほぼすべての日本国民がラジオに耳を傾けていました。まず君が代が流れ、続いて昭和天皇の大詔放送。一般国民が初めて耳にする昭和天皇の玉音でした。

居ずまいを正し、頭を垂れてじっと耳を傾けます。雑音が多く極めて聞きづらいもので、その御言葉も難しく、大半の人は何を仰せであるのかわかりませんでした。

それでもなお、戦争が終わったのだ、ということが、誰にも理解されたのです。

時が、止まったかのようでした。

やかましいほどの蟬時雨が、なぜか凄絶なまでの静けさに感じられます。再び君が代が流れ、放送が終わる。我に返ったように時が流れ出し、やがて静けさは、無数のすすり泣きに取って代わられました。日ノ本の大地から、湧き上がってくるようなすすり泣きでした。それはいつしか慟哭となり、地を轟かせ、夏空を揺るがしていったのです。

綸言《りんげん》一たび出でて一億号泣す
昭和二十年八月十五日正午
われ岩手花巻町の鎮守
鳥谷崎神社社務所の畳に両手をつきて
天上はるかに流れきたる
玉音の低きとどろきに五體《ごたい》をうたる
五體わななきてとどめあへず
玉音ひびき終わりて又音なし
この時無声の号泣国土に起り
普天の一億ひとしく
宸極《しんきょく》に向ってひれ伏せるを知る
徴臣恐惶《ちょうしんきょうこう》ほとんど失語す

ただ眼を凝らしてこの事実に直接し
苟《いやしく》も寸毫《すんごう》の曖昧模糊《あいまいもこ》をゆるさざらん
鋼鉄の武器を失へる時
精神の武器おのづから強からんとす
真と美と到らざるなき我等が未来の文化こそ
この号泣を母胎としてその形相を孕まん
（昭和二十年八月十六日午前花巻にて）

（『一億の号泣』高村光太郎）

二六〇〇年余りの歴史のなかで、初めて日本は戦争に負けたのです。古くは元寇、さらには幕末のペリー来航、明治においては清国および大国ロシアと渡り合い、果敢に国を守り抜いてきた。その歴史に、かかる詔勅を下さざるを得なかった昭和天皇のご心中はいかばかりであらされましたでしょう。

天皇は未曾有の国難に際して、我が身に変えても国民を救わんとされました。このことは敗戦の衝撃と深い悲しみに加え、理屈を超えた畏敬の念と感動を人々に喚起したのです。

この日の日記に徳川夢声は以下のように綴りました。

何という清らかな御声であるか。

有難さが毛筋の果てまで滲み透る。

再び「君が代」である。

足元の畳に、大きな音をたてて、私の涙が落ちて行った。

私などある意味において、最も不逞なる臣民の一人である。その私にしてかくの如し。全日本の各家庭、各学校、各会社、各工場、各官庁、各兵営、等しく静まりかえって、これを拝したことであろう。かくの如き君主が、かくの如き国民がまたと世界にあろうか、と私は思った。

この佳き国は永遠に亡びない！　直感的に私はそう感じた。

万々一亡びると仮定せよ。しかも私は全人類の歴史にありし、如何なる国よりも、この国に生まれた栄光を喜ぶであろう。

日本亡ぶるの時、それは人類の美しき歴史が亡ぶるの時だ！　あとには唯物の味気なき歴史が、残るばかりである。


（『夢声戦争日記（七）』徳川夢声　中央公論新社★）

玉音放送で知られる終戦の詔勅は、その起草に書記官長の迫水久常をはじめ数人が関わったとされます。御前会議で昭和天皇が仰せになられたことをもとに文章を起こし、有識者の助言および添削を仰いだのです。

詔勅に深く関わった安岡正篤は、天皇と日本国民が誇りを失わない内容とすること、さらには日本が降伏するのは勝敗の問題ではなく高い道徳的立場から行うということを明確にするという、この二点を最大の課題としました。

その結果、「義命の趨《おもむ》く所堪え難きを堪え忍び難きを忍び　以て万世の為に太平を開かんと欲す」という文章が盛り込まれたのです。

しかし、最終的には「義命」が「時運」に差し替えられました。安岡正篤は戦後いっさい詔勅について口を閉ざしていましたが、昭和三十七年一月、ようやくその胸中をあきらかにしています。

「『時運の趨く所』というのは、風の吹き回しということだ。風の吹き回しで調子が悪くなったからおじぎをするっていうことだ。それなら、日本の天皇陛下、皇道哲学にはならん」（『安岡正篤と終戦の詔勅』関西師友協会編　ＰＨＰ研究所）

負けるのは戦に負けたから降参するのではない、勝とうが負けようが、いずれにしても信義に基づいてやめるのだ、という意味が「義命」にはあったのです。

戦後十年の記念式典の際、安岡正篤は迫水久常に対して「日本の政治が行き当たりばったりになったのは、義命を削除し時運の趨くところとしたあなたのせいだ。あなたは時運派ではなく義命派の政治家になりなさい」と喝破しました。

詔勅が、正しく「義命の趨く所」とされていたら、戦後の日本はどうなっていただろうかと考えずにはいられません。いまや日本人が大切にしてきた「義」は残念ながら風前の灯となっているように思われます。私心に起因する損得勘定ではなく、無私に努めて公のために生きることが、かつては人としての正しいあり方とされていたのです。

5 国破れて山河あり

岩川基地では美濃部少佐が第五航空艦隊司令部からの指示を待ち続けていました。図上演習は取りやめ一般隊員は兵舎で待機としています。

机の上に新聞電報が置かれていました。依然として現実を呑み込めずにいます。認めたくないという思いが事の次第の把握を拒んでいるのかもしれません。

七月末に誕生日を迎えた美濃部少佐はこの時三十歳。難局に際して指揮官を仰ぎ見る部下達のため重大な決定を下さなければならない重圧に耐えていました。

午後三時、もはや司令部からの指示は期待できないと判断した美濃部少佐は、隊員達に向けて独自に指示を下しました。

一、とりあえず今夜予定の沖縄攻撃は中止とする。

二、全機戦闘準備を整えよ。明日以降は九州南部の哨戒索敵を行う。

三、通信隊はあらゆる電波の傍受を強化すべし。
四、隣接陸海軍部隊との情報交換を密にせよ。

指示を下した矢先、厚木基地の第三〇二航空隊からの電文を受信。

「君側の奸、聖明を覆い賜り和平降伏の動きあり。厚木は同志を集め断固徹底抗戦す」

第三〇二航空隊は横須賀鎮守府や東京にも近く、中央の情勢にも通じていました。美濃部少佐にとっては、信頼する小園安名司令のもと、数ヶ月間にわたって所属し、夜襲部隊を育成していた古巣でもあります。しかも副長西畑喜一郎中佐は飛行学生時代の恩師、飛行長には同期の中で最も仲の良い山田九七郎少佐が就任しています。

美濃部少佐は第三〇二航空隊と同調し、徹底抗戦することとしました。


今頃降伏とは何事ぞ！　勝ち目は無いと知りながら、軍命重く四月以来、川畑飛行隊長以下百余名の部隊中核の戦友既に昇天。激戦の日々友の弔いもせず、「いずれ後から行く、それまで待ってくれ」と戦い続けてきた。今になって戦争中断とは酷い。

「座して神州が汚されるのを見るよりも、武人の節を全くして死のう。指揮官の意思に従う者はついてこい」

部隊全員これに従い死を誓い合った。

訓示の後で美濃部少佐は海軍全部隊に向けて打電しました。

「第三〇二航空隊に呼応して芙蓉部隊も九州において立つ」


その頃、大分基地から、第五航空艦隊司令官の宇垣纏中将が座乗・指揮する第七〇一航空隊の「彗星」十一機が沖縄へ向けて発進。最後の特攻は、宇垣中将自ら行ったのです。

さらに日付が変わった八月十六日午前二時、大西瀧治郎中将が割腹自決。官舎の使用人が発見し、軍医が駆けつけるも介錯と延命処置を断固拒み、同日夕刻息絶えました。大西中将は「厚木の小園に軽挙妄動は慎めと大西が言っていたと伝えてくれ」と話したということです。

徹底抗戦を決意した芙蓉部隊は、十六日・十七日と二日間続けて、九州方面海面索敵に「彗星」十二機および零戦八機を発進させました。

隊員の中にはいよいよ決戦ということで、下着から飛行服、マフラーに至るまで、とっておきの新しいものに換えて身支度を調えた者もいます。隊全体に不思議な力が漲っていました。それはあたかもろうそくが消える前、ひときわ明るく光を放つのに似ていました。

そして、やはり「終戦」はやってきたのです。

八月十八日、第五航空艦隊全部隊の指揮官は大分基地に参集せよとの命が下り、美濃部少佐は零戦に乗って出向きました。

この時、宇垣中将が沖縄に最後の特攻をしたことを知ったのです。二頭の馬を並べて基地を巡った日のことを思い出しました。それから一ヶ月も経っていません。あの時すでに特攻を覚悟していたのだろう、いやもっと早くからか……。

「大西中将も自決したということだ」

最後に会ったのはフィリピンです。帰国して夜襲部隊をつくれという最後の指令が、結局は芙蓉部隊の立ち上げに繋がったのです。

特攻の生みの親とされる大西瀧治郎中将は、以下の遺書を記していました。

遺書
特攻隊の英霊に曰す　善く戦いたり深謝す
最後の勝利を信じつつ肉弾として散華せり
然れどもその信念は遂に達成し得ざるに至れり
吾死を以て旧部下の英霊とその遺族に謝せんとす
次に一般青壮年に告ぐ
我が死にして軽挙は利敵行為なるを思い
聖旨に副い奉り自重忍苦するの誡ともならば幸なり

隠忍するとも日本人たるの矜持を失うなかれ
諸子は国の宝なり　平時に処し猶お克く特攻精神を堅持し
日本民族の福祉と世界人類の和平の為最善を尽くせよ
海軍中将大西瀧治郎
（『海軍特別攻撃隊』奥宮正武　朝日ソノラマ★）

大西中将までもが……。

事態の深刻さが否応なしに伝わってきました。会議室には、すでに諸参謀および指揮官が集まっています。どの顔も疲労困憊していました。この数日は誰もが睡眠など取っている場合ではなかったのです。やがて参謀長がポツダム宣言受諾の御聖断についての長々とした説明をし、最後に指示を下しました。

「ご聖断を承り、みだらな行動は逆臣の汚名を受けるばかりだ。……戦争は終わったのだ」

参謀長の声は震えていました。指揮官も皆、歯を食いしばり、拳を堅く握りしめながら堪えています。

沈みきった空気の中で会議は終了、美濃部少佐はいたたまれないような思いで会議室を後にしました。

「美濃部君、ちょっと待ちたまえ」

声をかけてきたのは軍令部から勅使としてやってきた井上成美《いのうえしげよし》海軍大将です。

「美濃部君。君の部隊はこれまでよく戦った。芙蓉部隊の活躍は中央でもよく知られ、我々も期待していた。今になって降伏とは腹にすえかねよう。しかしご聖断すでに下った今、若い者が多く大変であろうが自重してもらいたい」

美濃部少佐は、厚木の第三〇二航空隊小園司令に呼応し芙蓉部隊が決起すると打電したことについて言われているのだと察しました。

「しかし、ご聖断といわれても、御前会議の真相はわからないではないですか。先ほどの説明を聞いても、いまひとつ納得はできません。ほんとうに陛下の大御心なのですか」

「実は軍令部長も終戦には反対されたのだ。それで高松宮さまと共に陛下に翻意をお願いされたのだが、ご聖慮は固いものがあった。これは誰の圧力でもない。ましてデマでもない。真に陛下のご聖断なのだ」

不意に詔勅の一文が思い出されました。

終《つい》ニ我ガ民族ノ滅亡ヲ招来スルノミナラズ　延《ひい》テ人類ノ文明ヲモ破却スベシ　斯クノ如クムハ朕ハ何ヲ以テカ億兆ノ赤子ヲ保シ皇祖皇宗ノ神霊ニ謝セムヤ　是レ朕ガ帝国政府ヲシテ共同宣言ニ応ゼシムルニ至レル所以ナリ
（ついには我が民族の存亡を招くこととなるばかりか、ひいては人類の文明をも破壊してしまう。そのようなことになれば朕はどのようにして億兆の国民の子孫を保ち、皇祖皇宗の神霊に詫びればよいのか。これが帝国政府をして共同宣言に応じさせるに至ったゆえんである。　※現代語訳・著者）

美濃部少佐は口を一文字に、しばしうつむいていました。

皇軍は停戦に関する命令以外は発令権を失った。これぞ天の命、神風であった。

天皇陛下の詔勅こそが天命であり、神風である。

その時、いかに心が荒波立っていたかに気づいたのでした。不思議な力が働いたかのように、心がしんしんと静まりかえっていきます。

「わかりました。もとより我々は天皇の軍隊です。私の一命に代えても部隊を静めます」

司令部を出ると、すでに陽が傾き始めていました。大分基地にもあちこちに荒々しい爆撃の跡が見えています。

西日を浴びて零戦が主を待っていました。

「もう、お前を戦場に駆ることはないんだ」

何気なく口にした言葉に、ほかでもない美濃部少佐自身が驚き、一瞬、動作が奪われました。

「昨日とは一八〇度変わってしまった今日」がそこにありました。

これまで幾度となく大空を駆け巡ってきた。零戦はいつもと変わらぬ姿でいる。けれどその存在の意味は変わったのです。のみならず、もはや失われようとしている……。

それは自らの存在価値、存在意義への問いかけでもありました。

これまでの自分と、これからの自分。

その間には、過酷な戦いと無念の敗戦とが横たわっていました。それはほぼ断絶に近いような深い溝となって人生を二分しているかのようです。

手足が、まるで他人のもののようでした。言うことを聴かせるように、ようやく動かしながら、零戦を発進する。

空が焼けはじめていました。

徐々に高度を上げていく。

眼下には深い緑に覆われた大地がありました。あちらこちらに空爆の跡が見えています。

それでもなお山々は侵しがたい威厳に満ちて、威風堂々と君臨していました。それは神々のおわす山、わが国の歴史を見つめ、支えてきた山です。


大分から岩川基地への帰途、三千年の歴史を伝える霊峰、高千穂の峰が右手に見える。霧島

山の噴煙は静かにたなびいている。

「国破れて山河あり」……

あの山、この川、昨日迄は敵味方激しい戦いの場も今は断雲のみ去来。共に死を覚悟して戦ってきた菊水作戦、先立った者と残れる者。彼のみ死に我のみ生き残る。

国破れて山河あり
城春にして草木深し
時に感じては花にも涙を濺《そそ》ぎ
別れを恨んでは鳥にも心を驚かす
峰火　三月に連なり
家書　万金に低《あた》る
白頭　掻けば更に短く
渾《すべ》て簪《しん》に勝《た》えざらんと欲す

（『春望』 杜甫）

やがて岩川基地が見えてきました。

あの秘密基地をつくり、維持するのに、なんと多くの人々が懸命になってくれたことか。

すまない。

誰彼かまわず謝りたい気持ちでした。

すまない、許してくれ。

なぜ謝るのか。

今はただ、ひたすら我が身が至らぬ存在に思われて、詫びる言葉しか出てこないのです。

滑走路が白く浮かんで見える。

少佐の帰りを待つ隊員が、合図の信号を送ってきました。

6 約束の地

「全隊員を指揮所の前に整列させてくれ」

飛行機から降りると同時に指示を下す。暮れかかる空に宵の明星が輝いています。草原から虫の音が聞こえていました。

隊員が続々と集まってきます。搭乗員・整備員合わせて岩川基地だけでも二〇〇名近くがいました。藤枝基地も合わせれば、さらにその数は増えます。幸い、藤枝基地の隊員は小川大尉や江口大尉が飛行隊長を補佐して混乱を抑え、同じく収束に向けて動いていました。

徹底抗戦を訴え、決起したのはわずか三日前。その舌の根も乾かぬうちに、まるで逆のことを指示しなければならない。

自分は早まったのだろうか？　いや、あの時の決心は本物だった。しかしやはり冷静さを欠いていたのではないか。

隊員達が整列するのを眺めながら、美濃部少佐は指揮官たる者の決断の重さを今さらながらに感じるのでした。

どう伝えたら良いものか……。

暫時瞑目し、口火を切りました。

「皆に伝える。終戦の詔勅は本物だ。陛下の御聖断を賜ったのだ。よって徹底抗戦は中止とする」

一糸乱れぬ整列がわずかに波打ち、ざわめきが起こりました。水紋のように動揺が広がっていく。予想していた声があがりました。

「今さらそんなことを言われても……」

「なぜですか、まだ武器も飛行機もある。まだ戦えます！」

「戦わせてください、死ぬ覚悟は出来ているんです！」

何と諭したらよいものか、美濃部少佐にもわからないのでした。若い者達の気持ちが痛いほどわかる。そして、同じ気持ちは少佐の心の奥底にもまだ息づいているのです。

美濃部少佐は自らの未練を断ち切るように、大一喝、隊員の声を遮りました。

「日本の軍隊は、天皇の軍隊である！」

ぴたりと声が止み、反射的に挙措が正される。

「……私は、皆を預かっているだけの存在だ。陛下の御聖断が下された以上、その聖慮に沿い、戈《ほこ》をおさめる。お前たちの気持ちはよくわかる。亡き友を思えば腹に据えかねよう。私も同じ思いでいる。しかし戦いはやめねばならぬ。それでも、あくまで戦わんとする者があれば……」

美濃部少佐の全身が、小刻みに震えていました。一心に見つめる、およそ二百組の瞳。その瞳に向けて、最後の言葉を放ちました。

「あくまで戦わんとする者は、私を、斬って行け！」

全身から絞り出されたその言葉は、最後は声にならない叫びと化していました。

隊員の瞳が驚きの色に染まる。痩せこけた少佐の頬をとめどもなく涙が流れていたのです。

それは、初めて見る指揮官の涙でした。隊員たちにとって、その姿こそが、戦の終わりを告げるものだったのです。

どうしようもない悲しみがこみ上げて、わななきを止めることができない。隊員たちは男泣きに泣きました。

それでいい、泣け、戦士たちよ。

部屋に戻るなり軍服もそのままに仰臥する。床にめり込んでいきそうなほどの疲れが押し寄せて来ます。いつ涸れるとも知れない涙が溢れては耳たぶを濡らす。その耳には隊員たちの慟哭が焼きついて離れない。

終戦から三日目の夜が更けていきました。

八月二十日、第五航空艦隊司令部より口達命令がありました。

「一つ、兵器員を残し、隊員は速やかに復員さすべし。二つ、全隊員は二十四時間以内に基地の二キロ圏外に退去すべし。三つ、全ての武装を解除し一箇所に集めよ」

ただこれだけの指令で、復員手続きはどうなるのか、今後の部隊と司令部の連絡法はどうするのかといった具体的なことがなにもありません。司令部も混乱を極めていたのです。

これでは仕方ないと、美濃部少佐は自ら芙蓉部隊の処理を行うことにしました。

まず、復員にあたっては一年間の生活費として一人二〇〇円と携帯食料を支給する。事後の連絡がつくように各人復員先を書き残すこと。

空襲で焼かれ家族離散したなど、帰るべき家もない隊員や、沖縄や離島出身で帰る手段のない隊員には、米二俵を与え、基地近くの農家に住み、今後の基地管理要員とする。

さらには、全飛行機の武装を解除し、搭乗員・整備員を飛行機にてそれぞれの郷里近くまで帰すこととしました。

空襲により鉄道も混乱を来しているため帰郷も困難です。終戦となったからには一日でも早く郷里の父母の元へ隊員を帰したい。これまでの隊員の健闘に対する、美濃部少佐のせめてものはなむけでした。降伏軍が勝手に飛行機を使用することには問題がありましたが、何かあれば一人責任を取るつもりでいたのです。

「隊員たちは速やかに帰郷の準備を行うように。そのうえで郷里が近い者同士で二人ないしは三人で組むように」

どんなことでもすべきことがあるというのは救われるものです。この二日間はいわば空白の二日間でした。隊員たちは虚脱感に襲われ、なすすべもなく過ごしていたのです。

中には馴染みの家を訪ねる者もありました。

「お母さん、負けちゃったよ……」

座敷に大の字になって無言で泣く隊員。

「そうね、負けてしまったわね。悔しいこと」

こんな時はどんな励ましよりも、同じ気持ちを分かち合うことが慰めになるのです。

美濃部少佐のもとには何人もの隊員がやってきて、部隊に残して欲しい、と懇願しました。生き残ったことを喜ぶ気持ちになれない。それどころか生きていくことへの戸惑いと不安に押しつぶされそうになっていたのです。

「三年待って、日本の行く末を見定めよう。その時、どうしても生きる意味が見つからなければ、それからでも遅くない。鳥は嬉しい時も悲しい時も古巣に帰るものだ。とにかく父母のもとへ帰れ」

明日にはもう岩川基地を発たねばなりません。唐突に慌ただしくなりました。荷物を取りまとめ、同じ機に搭乗する組み合わせを決める。準備が整った隊員はお世話になった家々を巡り、帰省することを告げ、礼を述べました。

池田一飛曹が和子さんの家を訪れたのは二十日の夕方近くです。

「今までありがとう。これ僕の形見……」

言葉少なに差し出したのは、池田一飛曹が出撃の時に巻いていた鉢巻きでした。怪我をした時の血痕があります。

「ありがとう……。どうぞお元気で」

池田一飛曹は「では」と言って敬礼すると、足早に去っていきました。「さよなら」は言いませんでした。


夕刻、慌ただしい中にも亡き友の慰霊祭が行われました。

いずれは大空で再会するものと思っていた友が、終戦とともにまるで別世界の存在に感じられます。もはや「戦友」ではなく「英霊」なのです。

芙蓉部隊として最後の夜。まだ部隊があるうちに弔い、別れを告げることが出来たのはせめてもの慰めでした。

やがて東の空に闇を払って日が昇りました。

どんな時でも夜明けは訪れるのです。

八月二十一日、晴天。


指令。正午までに使用する飛行機四十機を飛行場に整列のこと。


周辺の森林から次々と飛行機が引き出されてきます。数日ぶりの飛行となるため、前日には整備員が入念にメンテナンスを施していました。

一番機が滑走路に運び込まれる。距離を置いて、二番機、三番機と順に列を成していきます。

四十機もの「彗星」と零戦が整然と並ぶ光景の、なんと勇壮なことでしょう。


正午。

いよいよ解散発進の時です。

「皆、今日までよくやってくれた。深謝する。十年後、縁あれば、この岩川の地で再会しよう」

美濃部少佐は短い訓示を述べると、身を翻して滑走路間近の指揮所号令台に立ちました。背後に大きな青松が雄々しく枝を広げています。岩川基地に来て以来、夜ごとの出撃をこの場所から見届けてきました。そして今、隊員に別れを告げ、最後の見送りをするのです。

各機がエンジンを始動する。

草原に風が起こり、うなるような響きが大地を駆け巡る。

その時、美濃部少佐が左手を腰に当て、右手を高々と掲げました。

あの日も、こんな夏空だった。

初めて飛行機を見た少年の日。

いつか飛行機に乗って大空を駆け巡るんだと心に決めた。

あの日から、なんと遠くまで来たことか。

やがて一番機が発進しました。機内では隊員が顔を歪ませながら敬礼しています。その頬を滂沱の涙が濡らしていました。

続いて二番機が離陸。地上で順番を待つ隊員たちはちぎれんばかりに帽子を振りながら、「元気でな」と叫んでいます。二番機は機体を左右に振り、「さよなら」の合図をすると北西向けて飛んでいきました。

紺碧の空にちぎれ雲。

一機、また一機と飛び立っていく。

それぞれの隊員にそれぞれの良さがあり、皆互いを認め合いながら団結してやってきた。これからどんな人生が待っているのか、誰にもわかりません。それどころか、いったいどのようにして生きていくのか、まったく想像もできません。

それは美濃部少佐にしても同じでした。

無事でいてくれ。お互い、くじけずに生きていこう。亡くなった戦友の分までも……。生きられなかった命の分も、なんとしても生き抜いていく。それがこれからの人生における課題であり使命となるのです。

美濃部少佐は流れ落ちる涙を拭こうともせず、右手を高く挙げ続けました。

やがて最後の「彗星」が砂埃を上げつつ離陸しました。轟音とともに中空へ舞い上がる。機内では隊員が声を殺して泣いている。

「彗星」は名残惜しそうに上空を旋回すると、やがて東の空へと消えていきました。


およそ二時間が経過していました。

挙げ続けた右手を、ゆっくりと下していく。

風が吹き抜けていきました。

草むらの虫たちが思い出したように鳴きはじめます。

「夏草や　兵《つわもの》どもが　夢のあと」

ひとりつぶやきながら号令台を降りる。

ほんとうに、何もかもが、まるで夢のように思われるのでした。


基地は息を潜めるように静まりかえっています。

夜、美濃部少佐はぶらりと出かけました。あの蛍のいた場所へ行ってみようと思ったのです。

緩やかにカーブした間道を下っていく。草木も花も、ひっそりと眠りに就いていました。鳥たちは身を寄せ合い、虫たちは葉陰に隠れて、静かな夜に安らいでいます。

夜とはこんなにも優しく、こんなにもおだやかなものだったとは……

炎と黒煙と、爆音に満ちた夜など、もう二度と来なくていい。

やがて見覚えのある場所に辿り着きました。

あの日と何ひとつ変わらない風景が広がっています。

しかし、蛍はもういませんでした。


八月、九州方面の全海軍航空隊の出撃回数は合計三十三回、機数はのべ一七〇機。そのうち芙蓉部隊が敢行した出撃回数は十回で全体の三十%、のべ機数は八十四機で全体の四十四%に及んでいました。

小部隊ながらも作戦主力となり、終戦まで戦い続けたのです。

7 命の声

時は流れてゆきました。

草木の緑が不意に力を失ったかと思うと乾いた風が立ちはじめ、やがて朝晩ひんやりとした肌寒さを感じるようになりました。

美濃部少佐は岩川の五代家の別宅を借りて移り住み、部隊の残務処理に当たっていました。気心の知れた大野大尉が残って補佐官の役割を果たしています。隊員のことはもとより、武器、弾薬、燃料、食料、車輌、薬品、機具類等々から細々とした書類に至るまで、処理せねばならないことは山とありました。これらをもれなく整理したうえで基地を引き渡さなければなりません。

やがて米軍接収官から基地接収の通告がありました。

昭和二十年十月七日。

美濃部少佐はたった一人で基地引き渡しに立ち会うことにしました。

「城の明け渡しは忠臣蔵の赤穂城のくだり以外は知らないからな。しかし案ずるな、俺一人で十分だ」

立ち会いに出かける前、少佐は大野大尉にそう言って付き添わせませんでした。隊員達を復員させるために、独断で四十機あまりの飛行機を飛ばしています。これが無事に済まされるかどうか。

少佐はワイシャツから下着に至るまで白無地を着用、その上から制服を身につけています。もし接収に際して飛行機を飛ばしたことが罪とされた場合には、接収官と差し違えて死ぬつもりでした。ゆえに一人で立ち会いたかったのです。

美濃部少佐は無性に腹を立てていました。それは理屈ではない怒りでした。米軍が我が物顔で祖国を闊歩する、手塩にかけてつくった秘密基地を取り上げる、それに対して何もできない軍部と自分自身が腹立たしくてならない。

飛行場の指揮所前に立っていると、やがて接収官がやってきました。何人かの供を連れています。

何を言われるかと身構えていましたが、接収は拍子抜けするほどあっさりと済みました。何か急にばかばかしいような気持ちになって帰ろうとしたところ、不意に接収官が質問しました。

「夜間にＪＵＤＹ（彗星）を飛ばしていたのはこの基地か？」

「そうだ」

「指揮官は？」

「私だが」

接収官の左の眉がぴくりと動いたかと思うと、その青い眼にわずかな恐怖が宿りました。芙蓉部隊の夜間奇襲攻撃は明らかに米軍を悩ませていたのです。戦後十年以上経過してから、美濃部少佐が指揮した芙蓉部隊のことは米国の新聞でも取り上げられました。

しかし、この時の少佐には、そこまで影響力を与えたとは思いもよりません。

「指揮官は私だが、何か？」

「いや、何でもない」

接収官は平静を取り戻すと、「引き渡しは完了だ」と、あらためて言いました。

岩川基地も米軍の手に渡りました。隊員はすべて郷里へ帰しています。最後まで残務処理に協力した大野大尉は、隠岐の島に帰って漁師になると言います。

「何も報いることができず、すまない。せめてこれを持って行ってくれ」

美濃部少佐は毛皮のジャンパーを大野大尉に差し出しました。それはフィリピン戦で撃墜した米軍パイロットのもの、戦利品だったのです。

大野大尉は笑いながら受け取ると、居ずまいを正し敬礼、一度も振り向くことなく去っていきました。

いよいよ岩川ともお別れです。

鎌倉では篤子と一歳にもならない娘が待っていました。

久しぶりに街に戻ってきた美濃部少佐は、様相が一変しているのに驚かざるを得ませんでした。焼け跡にはバラックの住居が建ち並び、あちらこちらに闇市が立っています。

衣食住すべてに極度の不足が生じている状況も、戦争という異常事態のもとでは「勝つまでの辛抱」とかろうじて耐え抜くことができました。

しかし敗戦となり、誇りを傷つけられ自信を失ったところに米国は大量の「物」とともに乗り込んできた。さらには占領下のプロパガンダにより、大東亜戦争とは日本人が引き起こした罪深い戦争であり、その原因となっているのはそれまでの日本の教育、日本人のあり方そのものが間違っていたからだ、という認識を浸透させようとしていました。そうした中で少なからぬ人心の荒廃が起きつつあったのです。

それでも、この中から立ち上がっていかねばならない。そう思いながらも、今ひとつ力がわかないのでした。月に一度はマラリアで四十度近くの熱が出て、芙蓉部隊の夜戦指揮も横たわりながらしたこともあります。敗戦間際はほとんど睡眠を取る間もなく極度の疲労が蓄積していました。体が弱れば心も弱るのか、慢性的な気分の落ち込みがあります。

都市部に比べると、鎌倉の空襲はだいぶましだったようで、さほど変わらぬ風景が広がっていました。奮い立たせるような気持ちで美濃部家の門をくぐります。

篤子の顔を見た瞬間、おや？　と不思議な感覚にとらわれました。すっかり母親の顔になっているのです。

「お帰りなさいませ、お父さん」

篤子は滲みいるような目をしていました。もう戦地に行くことはないのです。もはや送り出すときに、今生の別れと覚悟せずとも良いのです。

「ずいぶんお痩せになって……」

その声に母とよく似た慈悲の響きがありました。

肩の力がゆっくりと抜けていきます。

「ただいま。母さん」

奥の部屋では樟子が眠っていました。ようやく相まみえる我が娘です。しかしその姿を目にしたとき、少佐は驚かざるを得ませんでした。

「ずいぶん小さくないか？」

樟子が新生児メレナであることを、美濃部少佐は知らなかったのです。戦地にある夫に余計な心配をかけまいと、篤子は知らせずにいたのでした。

「抱っこしてあげて。まだお首が据わっていないから、気をつけてくださいね」

十ヶ月になるのにまだ首が据わっていない……。その事実に少佐は打たれました。

篤子から渡された樟子の体はふわふわとやわらかく、はかない壊れ物のようです。うっすらと目を開けると、あくびともため息ともつかない、頼りない声を発しました。

「樟子、お父さんだぞ」

岳父も出征し、美濃部家は女性ばかりが残されていました。めったに聴いたことのない男性の声にびっくりしたのか、樟子は顔をゆがめて泣き出しました。

「おお、泣くな泣くな、お父さんだぞ、怖くないぞ」

篤子が隣でクスクスと笑っています。その眼からポロポロと涙がこぼれ落ちています。少佐は声を励まして言いました。

「いや、いい、好きなだけ泣いてごらん」

樟子は精いっぱい声を張り上げて泣き出しました。

なんという清らかな声。天に向けて高らかに響き渡る、穢れなき命の声です。

「大丈夫だ、お前は必ず元気に育つ」

この子を、なんとしても育ててあげたい。

小さな樟子が、大きな力を美濃部少佐に与えたのです。

8　日本のこころ

昭和二十年九月、米軍が日本に進駐し、いよいよＧＨＱによる占領政策がはじまりました。

そして、日本国民に贖罪意識を植えつけ、日本国のあり方そのものを否定させるよう仕向けるための「War Guilt Information Program（ＷＧＩＰ）」が徹底的に行われたのです。その手段は実に巧妙なものでした。日本人は「そうとはまったく気づかぬうち、まったくの無意識のうち」に洗脳されていきました。

まず手始めに言論統制が行われました。それは戦前の日本に勝るとも劣らない厳しいもので、新聞社および出版社はもとより一般国民の私信に至るまで検閲が入ったのです。

その一方で、十二月から『真相箱（放送当時の題名は『真相はこうだ』）』をＮＨＫを通じて放送、加えて全国の新聞に『太平洋戦争史』を掲載。いずれもいかに日本が極悪非道な国であったかという意識を抱かせるもので、この手ひどい戦争の被害をもたらしたのは、むしろ自国の政府および軍部であったのだという認識を人々に植えつけました。このことにより、九月十一日から東條英機元首相をはじめとする中枢部の地位にあった三十九人を「戦争犯罪者」として逮捕し、さらには彼らを極東軍事裁判（東京裁判）で裁くことは、極めて正当なことであるという考えを持たせようとしたのです。

一方、教育現場では昭和二十年十月から十二月にかけてＧＨＱから教育に関する四つの指令が出されました。米国にとって都合の悪い（つまり愛国心のあるまっとうな日本人）教員は魔女狩り的に粛清され、長らく受け継がれてきた教育方針は抹殺されます。日本人のバックボーンであった「教育勅語」と、日本精神に基づいた人間学といえる「修身教育」は禁止となり、さらにわが国の歴史や地理さえも学ぶことができなくなりました。

そればかりか、「神道指令」により、「草木国土すべてに神仏が宿る」とする日本人の根源的精神性、つまり「和の心」までもが「野蛮な原始信仰」として否定されたのです。

もっとも、すべてに神仏が宿り、守られ生かされていることへの感謝と報恩の精神は、二千年を超える時を経て受け継がれてきたものであり、完全に日本人の心から抹殺することなど不可能です。それは侵されざる領域、人智が立ち入ることの出来ない聖域です。日本人は生まれながらにして、和の心を六〇兆を超える細胞の中に秘めています。それはいわば種のようなものであり、いつでも芽生える準備ができているのです。

ついでながら、米国は日本から教育勅語と修身を奪い去っておきながら、レーガン大統領時代、教育改革にほぼそのままそっくり用いています。その頃、米国の若者の荒廃が著しく、レーガン大統領は「私が殺されるとしたら自国の若者によってだ」と漏らしたとさえいわれています。教育長官だったウィリアム・ベネットは若者の立て直しには「日本の戦前教育の採用が望ましい」として教育勅語と修身を徹底研究し、それに基づいた教育改革を行ったのです。果たして改革は成功に終わりました。

ベネットは引退後、日本の『修身教育』を参考に、いわば米国版として『The Book of Virtues』を著作、出版しました。厚さ約五センチにもなる本です。同書は一説によれば三〇〇〇万部以上ものベストセラーとなり、「第二の聖書」とまでいわれているといいます。

しかし本家の日本では今なお否定されたままです。「人としてどうあるべきか」「人生を如何に生きるか」という徳育は失われ、人生の指針を持てないまま生き迷う人々は時代を経るごとに増加しています。

こうした占領政策の一方で、米国は刹那的・享楽的といえる物質文化、消費文化を日本に輸入せしめました。それは戦争により、ありとあらゆる「物」を失った日本人を一気に魅了しました。「物」が豊かさの指針となったのです。それがある種の幸福をもたらしたのは、紛れもない事実です。しかし、「心の教育」「精神の豊かさ」が教えられない状況下では、恒久的な幸福感をもたらすまでには至りません。

日本は戦後、奇跡の復活を成し遂げる一方で、目には見えないもの――先祖や、神仏や、広い意味での「心」――への感謝と報恩に生きた日本人本来のあり方を、少しずつ失っていったのです。昭和二十一年を迎える頃には「ＷＧＩＰ」の効果は早くも見え始め、祖国を守るために戦った軍人は冷徹な目で見られるようになりました。あの過酷な戦場を辛くも生き抜いて、ようやく祖国へと復員したものの、出征したときとは、まるで逆の「視線」が待っていたのです。「軍人だ！」といって石を投げつける子ども、まるで汚いものでも見るような表情で無視を決めつける人々……。これほど残酷なことがあるでしょうか。

戦争を経験した人々は口を固く閉ざすようになりました。話したところで、誰も理解してくれない。ますます「大東亜戦争の真実」は遠のいていきました。

9　歳月

美濃部少佐は昭和二十年十月八日付で名古屋地方人事部の部員に補されていました。復員業務の課長に就任したのです。

「海外には幾百万の兵士がいる。彼らを迎える手続きをして欲しい。加えて幾十万の眠っている戦没英霊を家族に渡して欲しい。これは生き残った者の務めである」

戦後処理は膨大かつ複雑を極めていました。在外六〇〇万人余りの復員を、すべて連合国の指示に従い残存艦艇で輸送します。沿岸港湾の機雷掃海、軍保有の資産の保管と管理および処理。なかでも戦没英霊の伝達や未復員家族への対応は精神力を要しました。

出征した息子や夫、兄弟が、いったいどこでどうなったのか。生きているのか、生きているならいつ復員できるのか……。残された家族の気持ちを思えば、その切実さはよく理解できます。しかし、戦時中の大混乱の中、人事部でもすべてを把握することはできなかったのです。

昭和二十一年に第一回英霊一五〇〇柱の伝達式を名古屋の寺院で行った際のことです。

「遺骨箱の中は紙切れ一枚、遺骨も遺品も入っていない。こんなもの受け取れない」と、遺族の一人が騒ぎ立てました。周囲も同調し、騒然としていきます。

美濃部少佐は近くにいる老婆の顔をじっと見つめながら言いました。

「あなたもそう思いますか。あれは我々が書いたものです。鰯の頭も信心からといいます。マリアナでは、多数の飛行機、防空部隊、整備、警備などの人々が増援され、玉砕したり途中撃沈され、何一つ遺品もなく、いつどこでどうなったのかわからない英霊が多数います。南海の海底や孤島で全滅した戦友達を、それでもこうして白木の箱にお収めしてお返しするのです。不要ならば壊しましょう」

少佐は白木の箱を手に取ると、それを打ち壊さんとしました。

「やめてください……、わかっているのです、わかってはいるのです……」

老婆はすがりついて泣きました。騒ぎ立てた人々も涙をこぼしながら、じっと歯を食いしばってうつむいています。どうにもならないことは、誰にもわかっているのでした。どうにもならない不条理を前に、誰かに不満と悲しみと怒りをぶつけたかったのです。

戦後処理に当たるとは、その矢面に立つということでした。

昭和二十二年一月四日、公職追放令布告。元職業軍人は職に就くことさえできなくなりました。美濃部少佐は新聞社に就職が決まっていたものの取り消されました。この頃から脊椎カリエスが発症するも、満足な治療をする経済的なゆとりもありません。

四月に名古屋地方人事部を退職し、鎌倉に帰りました。無職ゆえ、電球の行商をしたり、夏には由比ヶ浜で茶店を出すなどして、しばらくしのぎを削りました。

それも限界が見え、二十四年八月に愛知の郷里へ帰郷。母の土地十四アールと借地四十アールという最低農耕面積で農耕を始めました。

篤子にとって初めての農作業です。精いっぱいついていこうとしました。しかし、たとえば田植え後の草取りひとつにしても、少佐の四分の一にしかなりません。丁寧といえば聞こえが良いのですが、何をするにもおっとりとして遅いのでした。

「もっと早くできんのか！」

つい怒声を飛ばしてしまいます。その都度、篤子は小さくなって詫びます。しかし篤子はいっこうに農作業に慣れることができないのでした。根本的に向いていなかったのでしょう。農村という近所づきあいが密な風土の中で、篤子は浮いていかざるを得ませんでした。

「女中にかしずかれて育った人だからね」

それは同情ではなく、痛烈な皮肉でした。それでも篤子はじっと黙って堪えました。そして、なんとか立派に農作業をこなせるようになろうと、篤子なりに努力をしていたのです。

もとより耕地が少ない中、収穫はほとんど望めませんでした。昭和二十五年の一年間は配給の澱粉と小麦粉だけが頼りの生活。それでは致し方ないと、食べられる野草を摘んできました。幸いなことに逢妻川の水源近くで、あちこちに小川があります。まだ農薬や生活排水に汚染される前の時代、アユ、ハヤ、モロコ、フナ、どじょうや川エビなどがいくらでも捕れました。これらを澱粉の団子と一緒に煮込んだ団子汁が日々の糧です。しかしいつの間にか美濃部少佐の脊椎カリエスも良くなって、何よりひ弱だった樟子がすくすくと元気に育ちました。

それでも私にとっては最も心安らかな日々であった。十九年一月ソロモンで、連日の空襲と米軍大反攻の矢面にあった時、「貧しくてもよい、地位も要らない。無益な戦の無い安らかな暮らしが出来たなら！」と心の中で憧れた世の中に巡り会えたのである。

しかし、美濃部少佐は再び請われることになります。

昭和二十九年七月、航空自衛隊創設に際し、松島操縦学校初代訓練課長を拝命。以来、航空自衛隊の黎明期を支えていったのです。航空自衛隊は旧海軍および旧陸軍から成っており、絶えず陸軍式か海軍式かで議論が交わされました。両者の間を取っていく苦労は並大抵ではなく、美濃部少佐はこの時「どれほど正しかろうと言うべきと言わざるべきことがある」ということを経験したのです。

断固特攻はしないと異論を唱えた若かりし頃のことが思い出されました。それは少壮士官だったからこそ言うことができたということ、そして並み居る先輩たちがそういう自分を無言で支えてくれたことの有り難さを、あらためて深く理解したのです。四十代、思えば当時の諸参謀に近い年齢となっていました。

昭和三十四年三月、度重なる無理がたたってか突然の大吐血。胃がんと診断され、その後、三度の手術をすることになります。

この時、中学三年生になる長女を筆頭に、小学校五年生、小学校二年生の娘たちがいました。少佐は娘達を残して死ぬことは出来ないと栄達を断念、それからは無理を控えて「家庭重視型の幹部」を自認するようになっていきます。それでもなお戦中の経験に裏付けられた的確な指導と才覚ゆえか、昭和四十五年には自衛官最高位空将を拝命しました。同年七月、五十五歳の誕生日をもって依願退職。

「栄達を望むあまり進退を誤るなかれ」

この言葉を候補生に残し、自衛官の制服を脱いだのです。

その後、急成長の日本電装株式会社の社内教育機関で奉仕。運営から教育方針すべて一任され、教育指導を行いました。

岩川を再訪したのは、ちょうどこのころ、昭和四十五年のことです。

10 芙蓉之塔

縁あれば、十年後にここ岩川の地で逢おう。

芙蓉部隊の隊員達とは忙しい合間を縫って連絡を取り合っていましたが、誰も皆、生きていくことに精一杯で、なかなか再会が叶わないまま、四半世紀が過ぎていました。

昭和四十五年一月。南九州といえども最も寒い時期、美濃部少佐、徳倉大尉をはじめ若干名の隊員が岩川基地跡を訪れ、ささやかながら慰霊祭を行ったのです。その際、思い出深い指揮所の位置に、簡素な慰霊の木柱を立てました。そして、この再会をきっかけに、元隊員による「芙蓉会」を立ち上げたのです。

「いつかはしっかりした慰霊碑を建てよう」

「それまでこの木柱は私がしっかり管理します。安心してください」

そう答えたのは戦後まもなく岩川の地に住み着いた元隊員の平松光雄氏です。

平松氏は毎日、慰霊柱を訪れては周辺を掃き清め、手を合わせていました。その姿を目にした周辺住民が、誰彼となく手伝うようになり、やがては少なからぬ地域の人々が協力するようになっていきました。このことを風の便りで知った英霊の遺族も、折に触れ参拝するようになります。

平松氏は大隅町月野の太田神社役員の井上徹志氏の推挙により修行し神職の資格を取得、井上氏をはじめとする神社役員や有志の人々と協力して毎年慰霊の祭祀を行うようになりました。

しかし慰霊柱はあくまで仮のもので、しかも立てた場所は私有地です。木柱も風雨に侵され傷み始めていました。平松・井上両氏は地区の老人会や古参と協議して、町役場へ町有地の借用を願い出ました。幸い、格別な理解と配慮を得ることができ、木柱を町有地に移転すると共に、本格的な慰霊碑を建設するため、昭和五十二年六月、「慰霊碑建設促進会」を発足。傷痍軍人会や軍恩会ばかりか、地元有力者をはじめ商工会、農協、町役場など力強い協力を得ることとなりました。芙蓉部隊の隊員達は町を挙げての熱誠に感激しました。

岩川の人々は、芙蓉部隊のことを忘れてはいなかったのです。慰霊碑の建設は一気に進められていきました。

そして、昭和五十二（一九七七）年十一月十一日。真新しい塔の前で除幕式並びに慰霊祭が行われました。

芙蓉之塔

これが慰霊碑の名です。塔の位置は、岩川基地滑走路の着陸点近く。塔の周囲には芙蓉の木が植えられました。それは夏ごとに薄紅色の花をつけ、芙蓉之塔に彩りを添えるのです。

芙蓉之塔に祀られた英霊は一〇五名。

未帰還機	零戦十六機	「彗星」三十七機	合計五十三機
戦没者	搭乗員九十二名	整備員十三名	合計一〇五名

一時は八〇〇名以上にもなった芙蓉部隊ですが、そのうち戦没者は約八分の一。隊員の多く

が生き残り、戦後の日本復興に貢献していったのです。

美濃部少佐は万感迫る思いで塔を見上げました。頂点には大きな大理石の玉が据えられています。平和を願う心、この地球上の生きとし生けるものすべての「和」を願う心です。

この日、「慰霊碑建設促進会」を解散し、あらためて「芙蓉之塔保存会」が発足。それ以来、毎年十一月十一日午前十時を定例に慰霊祭が営まれることとなりました。日々の維持管理は岩川で暮らす井上氏が中心となり、地元の人々が手伝ってくれました。

十一月十一日。この日は奇しくも美濃部少佐と篤子の結婚記念日だったのです。

一方、旧藤枝基地は現在の航空自衛隊静浜基地となり、その敷地内に「関東航空芙蓉部隊碑」が昭和五十五年に建立されました。通称「芙蓉之碑」として基地内で管理されています。

その碑には次の言葉が刻まれました。

芙蓉の華
　この地に咲き
はるかに南西の
　大空に散る

高度経済成長期からバブル期へと移行する中で、岩川の街も少しずつ風景を変えていきました。宅地化のため森林が伐採され、飛行機を隠していた林ももはやありません。

何度目かの慰霊祭の時、不意に美濃部少佐は言いました。

「そういえば岩川は蛍がすごいんですよね。今でも見られますか」

「いえ、もう最近ではすっかりいなくなってしまってね。私も子どものころはよく蛍狩りに出かけたもんでしたが……」

地元会員の望田氏が答えました。農薬や生活排水のために、いつからか蛍は姿を消してしまったのです。

「そうですか。まあ、どこもそうですからね」

そう答えた美濃部少佐の横顔は、気のせいかひどく寂しげでした。


六十一歳で日本電装株式会社を退職した美濃部少佐は、生まれ育った故郷に終《つい》の棲家を建て、野菜や果物を栽培するのをもっぱら趣味として過ごしました。相変わらず質素な生活で、篤子も相も変わらず本を読み、絵を描き、ただそれだけで満足な様子です。

篤子は娘たちにたびたび言ったものでした。

「私は宝くじとか、贅沢とかには、ぜんぜん興味が無いの。だって宝くじの何十倍も何百倍もいい旦那様がいますからね」

そうして、ほろほろとのどかに笑うのです。娘たちは、どうしてこの母があの戦中戦後を乗り越えることが出来たのか、時に不思議に思うのでした。しかし同時に、なるほど父は、この母がいたからこそ、あんなに大威張りで暮らしてこられたのか、と妙に納得するのでした。

11　蛍ふたたび

平成四年春。

昼下がりに一人の熟年男性が芙蓉之塔を訪れました。乗用車から箒やちりとりを取り出すと、おもむろに敷地内を掃除し始めます。いくぶん右手が不自由なのか、動作がどこかぎこちなく見えます。草取りをしてゴミ袋にまとめ、それを車にしまい込むと、代わりに仏花を手に戻ってきて飾りました。

手を合わせると、厳かに読経を始めます。

男性は、かつての芙蓉部隊隊員、池田秀一一飛曹でした。池田一飛曹は岩川を終の棲家とするために、生まれ育った大阪を離れてきたのです。

芙蓉之塔が完成し、慰霊祭が行われるようになった際、隊員だった頃によく訪れた家の長女、和子さんと再会を果たしました。戦後はたびたび手紙を交わしていたものの、結婚を機に徐々に疎遠になっていたのです。再会して以来、二人は再び連絡を取り合うようになりました。その際、幸せな結婚生活を送っているものと信じていた和子さんが離婚していたことを知るに至ります。

もはや齢五十六歳、残りの人生は守るべき人を守りたい。

「どうしてそんなたいへんなことを決心したんですか」

動揺する和子さんに池田一飛曹は答えました。

「君は、僕の戦友だから」

和子さんは、別れ際に池田氏から授かった鉢巻きを、ずっと持ち続けていました。届いた手紙もすべて大切に取ってありました。和子さんの心の中には、池田一飛曹が住んでいたのです。互いに再婚でした。

一緒に暮らすようになってからは、戦中のことをよく話しました。芙蓉之塔を頻繁に訪れては共に手を合わせます。

「昔、美濃部少佐とみんなで蛍狩りに行ってね。あの人は本当に夜目がきいて、懐中電灯も提灯も無しに、平気で夜道をすたすた歩いていくんだよ。まるで昼間と同じ調子で、まったくつまずいたりしない。僕たちは後からついて行くのがけっこう大変だったんだ」

「蛍といえば、保存会の望田さんが、お仲間と一所懸命になって育てていたわよ。大変なんですってね、一度いなくなってしまうと。でも最近は、だいぶ増えてきたみたい」

それを聴いた池田一飛曹は、近いうちに美濃部少佐を呼びたいと思いました。蛍を眺めているときの、少年のような姿が忘れられなかったのです。

蛍が復活したとなれば、きっと喜ぶにちがいない。

しかし、その頃すでに美濃部少佐は度重なる大手術のために遠出はほとんどできなくなっていたのです。少佐はまさに命を削るようにしながら戦記を綴っていました。

平成八年十二月十二日、最後の一節を書き上げます。


天を恐れ常に慎ましさを忘れないで欲しい。

「完結」と書き入れると、少佐は筆を擱《お》きました。


平成九年五月。連休中、父の体を案じた娘たちが美濃部少佐のもとを訪れました。体重はすでに四十キロを切っており文字通り骨と皮ばかりになっています。

それでも朝六時には起き出して畑へ出かけていきます。その日も収穫してきた野菜をベランダに干して、「こうしておけば、母さんも困らんだろう」とつぶやきました。

二言目には「母さんを頼む」でした。三人の娘のことも、孫たちのこともなく、ただひたすら、

「母さんを頼む」

もはや死の恐怖は超克していました。ただひとつ、篤子を残していくことだけが気がかりだったのです。それで、娘らの顔を見るたびに言ってしまうのです。

「母さんを頼む」

長年連れ添ってきた妻に対する深い想いが凝縮されていました。


娘たちが帰る際、美濃部少佐は送ると言ってききませんでした。みずから車を運転して最寄りの駅まで送るというのです。娘たちは、なんとか断ろうとしました。とても運転できるような容態には思えなかったのです。しかし、なんとしても美濃部少佐は譲りません。

「いいからさっさと車に乗りなさい」

いつになく強い調子、有無を言わさぬ迫力に、黙るしかありませんでした。


万が一を覚悟の上で乗り込みます。助手席に篤子、後部席に娘たちが収まりました。ハンドルを握る日焼けした手は骸骨のようです。痩せた肩先が恐ろしく尖っていました。しかし、家族の心配をよそに、美濃部少佐は意外なほど的確な運転をしたのです。無事に駅に到着したときには、娘たちは思わずホッと胸をなで下ろしました。

美濃部少佐は、娘たちを送るのも、これで最後になると予感していたのでしょう。

十日後、今度は篤子と二人、ドライブに出かけています。

篤子も、よくついていったものです。篤子の柔順さには静かな覚悟が満ちていました。おっとりとやわらかな女性らしさの中には思いがけない勇猛果敢さがあるのでしょう。美濃部少佐を支えてきただけのことがあるのです。そうでなければ妻の座はつとまらなかったにちがいありません。

ゆっくりと車庫を出て、住宅街を抜けていく。美濃部少佐は幹線道路から一本はずれた静かな道を選んで運転しました。

車が進むにつれ、フロントガラスの景色が展開していきます。五月の空はどこまでも澄み渡っていました。かつて農地だった一帯は自動車工場と住宅地に取って代わられています。戦後間もない頃、妻と耕した田畑も人手に渡り工場用地となりました。

往時を忍ぶ風景は、もはやどこにもありません。

それでも、美濃部少佐は見ていたのです。

田植えを終えたばかりのみずみずしい田んぼ、じゃがいもやら茄子やら南瓜やらを植えた畑。小川にはたくさんの種類の魚たちが泳ぎ、草原の虫たちを狙って小鳥たちが飛んでくる。

極貧生活に耐えた日々。慣れない手つきで稲を植える篤子の姿が蘇る。

よく耐えてくれたものだった。愚痴ひとつこぼさずに、ただ黙ってついてきてくれた。

つらく苦しい過去が懐かしく感じられるのはなぜだろう。

老いと病は身体的自由を確実に奪い去る。それでもなお、心は自在になっていく。

美濃部少佐の心は、つかの間、時空を超えていきました。


風が、吹いている。

少し湿り気を帯びた風。夏草の匂いが漂っている。

どこからか飛行機の轟音。

ああ、そうだ。わかった。

なつかしい岩川の風、岩川の匂いだ。

夜になると、いっそう湿り気は増し、草木の匂いも濃く満ちていく。

「おい、蛍がいるぞ、ものすごい数だ。酒と肴の用意をしろ」

「何を言うんですか、隊長。まだ五月ですよ。だいだい隊長は酒が飲めないじゃないですか」

「馬鹿を言うな、俺の目を何だと思っている。酒を飲むのはお前達だ。早くしろ、今夜は蛍観賞だ」

「見ろ、俺たちが来るのを待っていてくれたぞ」

「いやぁ、ものすごい数です。うちの田舎でも、こんなにたくさんの蛍は見たことがない」

「俺たちはこの蛍みたいなもんだ。もっとも、こんな優雅に飛ばれたら困るってもんだが」

「五月でここまでいるなら、これからもっと増えるかも知れませんね」

「今月末には隊員が藤枝からも大挙してやってくる。戦はこれからだ。心してくれ。まあ、とにかく今夜は飲もう」


おぼろ月が滲んだ光を投げかけている。

皆が若かった。懐かしい顔、顔、顔。

あのとき、誰も生きて帰ろうとは思わなかった。そのつもりもなかった。誰もが死に場所を求めていた。

敵がすぐそこに迫っている。老人、女、子どもが無残な目に遭わされるのをわかっていて、男が逃げてどうする。卑怯な生き方だけはしたくない。

しかし、敗戦確実をわかったうえでの戦いは、そのものが生身を引き裂かれるような、絶叫寸前の苦しみである。それでも若い部下たちに出撃の指令を下さねばならない。時に自分自身を呪い殺したくなった。

戦いとは何か。滅び行く皇軍はいかに戦うべきか。二十九歳、多くの部下を指揮しながら、苦悩の日々だった。

しかし唐突に戦は終わった。そして何もかもが分断された。

死した者と生きた者。

生死の運命を分けたものは何であったのか、答えを見つけようとするだけ無駄である。生き残った以上、生きていく。生きることもまたつらかった。それでも生きてきた。戦死した仲間たちのことを思えば、何があろうとも生き抜くほかない。

それもまた、ひとつの戦いであった。

戦時中、切実なまでに望んだ平穏な暮らしを手に入れた。孫にも恵まれ幸せな日々であった。その幸せはしかし、常に苦みを伴った。死んでいった部下や仲間たちのことを思えば、手放しで喜ぶことはできない。これもまた理屈ではない。

三度の手術も乗り越え、老体にむち打って、よくもここまで生きてきた。

不条理も理不尽もすべて飲み込んだ。それが生きるということだ。生きることそのものだ。

我が人生において、もはや悔いは無い。


「お父さん、大丈夫ですか？　疲れませんか？」

鈴が鳴るような声です。

篤子は、いつまでも篤子のままでした。それが何より心を和ませます。

子どもの頃遊んだ川、通っていた学校。思い出の場所を一通り走り終えた少佐は、車庫に車を入れると、先に降りて篤子が降りるのを手伝いました。篤子もだいぶ足が弱っており、車の乗り降りなどが困難になっていたのです。

それっきり車は車庫で眠ったままとなりました。


約一ヶ月後、美濃部正少佐は人生の時を止めました。

朝の光がカーテン越しにやわらかく射し込んでいます。あまりに静かな眠りに、篤子は察したのでした。おだやかな顔、痩せた頬に触れてみる。

平成九年六月十二日、享年八十一。

八十二歳の誕生日を、約一ヶ月後に控えての最期でした。


「いい人生だった。やれるだけのことはすべてやった。楽しかった」

亡くなる直前、妻や娘たちに、実に満足そうに、愉快そうに言いました。

そして、

「あとはよろしく頼む」

これが最後の言葉となりました。

あとは、よろしく頼む。

了

芙蓉部隊の隊員たち。平均年齢は21歳だった

おわりに

最後までお読みくださり、ありがとうございます。

美濃部少佐と心を合わせるようにして、筆を進めてまいりました。行間に込めた念《おも》いや願いまで汲みとっていただけるとしたら、望外の幸せです。

美濃部少佐が最後の命を振り絞るようにして書いた手記のなかで、「戦争反対」を唱えるだけでは平和は実現できない、それは独善的に願望を唱えているに過ぎないと喝破しています。平和を望むのであれば、行動すること、それも各自身近なところでできることから始めることだとしています。

岩川では、一時期すっかりいなくなってしまった蛍が復活しました。有志の方々は、戻ってきた蛍たちを守り育て、翌年へと命をつないでいます。

国も、人の心も、同じでありましょう。

日本人は戦後多くを手に入れた一方で、大切なものを見失ってきました。それは民族としての誇り、受け継がれてきた日本人の心、生き方です。

いま、取り戻すための最後の機会がきていると思います。

ここで取り戻し、復活させ、次の時代へと繋いでいくことができるかどうか。

そこにこの国の存亡がかかっています。

日本人は和を尊ぶ民族です。

その「日本人らしさ」は、必ずや混迷する世界において、平和のために貢献できると信じています。日本を守るために命を楯としてくださった先人の恩に報いるためにも、この歴史の転換期を力強く使命感をもって生き抜いていきたいものです。


本書は、多くの方々のご支援ご協力のもとで生まれました。

私を「蛍の里」に連れていってくださり、かつ、芙蓉部隊について知るきっかけをくださった社会福祉法人　太陽の子福祉会理事長の持田初穂先生には、関係資料の収集や岩川での取材一切をお世話いただきました。

そして、美濃部正少佐のご遺族ならびに自衛官時代を知る方々には、生前の貴重な姿を語っていただきました。

戦中のことや芙蓉部隊の隊員について証言してくださった「岩川芙蓉会」を中心とした岩川のみなさん―鳥丸大志郎さん、山口良久さん、小林範三さん、前田盛弘さんならびに孝子夫人、澤俊文さんならびに節子夫人、榊原みどりさん、河南ミホさん、池田和子さん、福満ヒサさん、平田悦大さん（順不同）―には、実にご親切にしていただき、芙蓉部隊の隊員たちが感じたあたたかさに触れた思いです。元自衛官のSさん（ご本人の希望によりご芳名を伏せています）

には、戦争に関する事実関係などを検証していただくとともに、多くのご助言をいただきました。岩川の強行軍取材にも同行し執筆中も力強く支えてくださった編集の関根真司さん、素敵な装丁に仕上げてくださった城所潤さん、素晴らしいカバー画を描いてくださった高山裕子さん、プロフィール写真に芙蓉の花を添えてくださった海老沢真信さん、本企画を統括運用してくださった内外出版社取締役の小見敦夫さん、そして、常日頃よりご厚情をよせてくださっている方々に、この場をお借りして篤く御礼申し上げます。

最後に、英霊ならびに先人へ心からの感謝と追悼の意を捧げつつ、筆を擱くことといたします。

平成二十八年　晩夏の候

石川真理子

戦後は自衛官として活躍した美濃部少佐。
享年81歳

【主な参考文献】

『大隅町と芙蓉之塔』（芙蓉之塔保存会　著作・発行）
『彗星夜襲隊　特攻拒否の異色集団』渡辺洋二（光人社）
『大空の戦士たち』渡辺洋二（朝日ソノラマ）
『海軍戦闘第八一二飛行隊』吉野泰貴（大日本絵画）
『海軍特別攻撃隊』奥宮正武（朝日ソノラマ）
『日本海軍の功罪　五人の佐官が語る歴史の教訓』
千早正隆ほか（プレジデント社）
『大東亜戦争で日本はいかに世界を変えたか』
加瀬英明（ベストセラーズ）
『易と人生哲学』安岡正篤（致知出版社）
『抄訳版　アメリカの鏡・日本』
ヘレン・ミアーズ／伊藤延司訳（角川書店）
『紅染めし　従軍看護婦の手記』（永田書房）
『レイテ戦記』大岡昇平（中央公論新社）
『ヴェノナ』ジョン・アール・ヘインズ＆ハーヴェイ・クレア／
中西輝政監訳（ＰＨＰ研究所）
『コミンテルンとルーズヴェルトの時限爆弾』江崎道朗（展転社）
『空と海の涯で　第一航空艦隊副官の回想』門司親徳（光人社）
『貝のうた』沢村貞子（新潮社）
『梨本宮伊都子妃の日記』小田部雄次（小学館）
『茶のこころを世界へ』千玄室（ＰＨＰ研究所）
『日新館童子訓』松平容頌　現代語訳校閲土田直鎮（三信図書）
『東亜の父　石原莞爾』高木清壽（錦文書院）
『石原莞爾　マッカーサーが一番恐れた日本人』早瀬利之（双葉社）
『新装版　石原莞爾』藤本治毅（時事通信社）
『砲台跡の夏草　日米決戦と志布志湾』太佐順（六興出版）
『大佛次郎　敗戦日記』大佛次郎（草思社）
『鈴木貫太郎自伝』鈴木貫太郎（日本図書センター）
『徳川夢声戦争日記（七）』徳川夢声（中央公論社）
『木戸幸一日記　下巻』木戸幸一（東京大学出版会）
『安岡正篤と終戦の詔勅』関西師友協会編（ＰＨＰ研究所）
『一億人の昭和史　日本人2　三代の女たち（中）』（毎日新聞社）
『別冊正論24号　再認識「終戦」』
（産経新聞社発行、日本工業新聞社発売）
『昭和家庭史年表』家庭総合研究会編（河出書房新社）
『日米戦争を起こしたのは誰か　ルーズベルトの罪状・
フーバー大統領回顧録を論ず』
加瀬英明・藤井厳喜・稲村公望・茂木弘道（勉誠出版）
『アメリカの戦争責任』竹田恒泰（ＰＨＰ研究所）
『日本が二度と立ち上がれないように
アメリカが占領期に行ったこと』高橋史朗（致知出版社）
『マッカーサー大戦回顧録』
ダグラス・マッカーサー／津島一夫訳（中央公論新社）

石川真理子
いしかわ・まりこ

昭和41（1966）年東京都出身。武家の家系に生まれ、明治生まれの祖母から武家に伝わる薫陶を受ける。文化女子大（現・文化学園大学）卒業後、大手出版社の編集プロダクション勤務。独立後は文筆活動のほか日本精神の啓蒙活動を行う。主な著書『女子の武士道』『女子の教養』『勝海舟修養訓』（いずれも致知出版社）、『新島八重　武家の女はまつげを濡らさない』（ＰＨＰ研究所）、『明治女が教えてくれたプライドのある生き方』『いまも生きる「武士道」　武家の女性の精神を貫いた祖母の教え』（いずれも講談社）、『心をたがやす言の葉帖』（グッドタイム出版）ほか。

五月の蛍

発行日／2016年11月11日　第1刷

著者／石川真理子

発行者／清田名人
発行所／株式会社内外出版社
〒110-8578 東京都台東区東上野2-1-11
電話03-5830-0237(編集部)
電話03-5830-0368(販売部)
印刷・製本／中央精版印刷株式会社

ISBN 978-4-86257-289-9